文章を読むための基本事項

■ 説明的文章を読む際は、次のような点に気をつけます。

1. 指示語・接続語

指示語…文脈上……

接続語…言葉と……

段落どうしを……

指示語・接続……

を理解するため……

開を的確におさえて読み取ることが、読解問題においては大切。

2.

説明的文章で中心として取り上げられている内容。

各段落で中心として取り上げられている内容。

落の大事な内容を表す言葉(キーワード)や、内容をまとめた文(キーセンテンス)をとらえ、話題・要点をつかむ。

3. 段落の関係

段落どうしの関係をおさえ、書かれている内容にもより大きなくくり(意味段落)を考える。

各段落の要点に着目しながら、段落どうしのつながりを考えるとともに、その際は、段落と段落を結ぶ指示語・接続語に気をつける。

4. 要旨

意味段落の中で、全体のまとめとなる内容(結論)を述べているのはどれかを考える。ふつう、文章の最初か最後にある結論を述べている段落から、特に中心となる文(中心文)を探す。話題と中心文を手がかりに、筆者が主張していることをとらえる(要旨)。

■ 文学的文章を読む際は、次のような点に気をつけます。

1. 場面・情景

場面…いつ・どこで・誰が・どうしたかをとらえた、作品の舞台や背景。

情景…文学的文章の中で描かれている、読み手の心を動かす場面や様子。

場面の情報をとらえ、そこで起こっている出来事を正確に読み取ることが、文章の理解につながる。

2. 言動

「こぶしを握りしめた」「肩を落とした」など、登場人物の言動に、その心情が表れていることがある。

なお、同じような言動であっても心情は同じとは限らない。登場人物やそのときの状況に応じて読み取れる心情は異なるので、注意が必要である。

3. 心情

心情…登場人物の気持ちや考え。

次のようなところに着目。

・心情が直接表現されている言葉。
・登場人物の言動　・情景描写

入試で出題されるのは、登場人物の心情の変化。何がきっかけで、心情がどう変化したのかを、的確にとらえる。

4. 主題

主題…文章を通して作者が最も伝えようとしていること。

作品の中で特に盛り上がる場面(クライマックス)をおさえ、登場人物の発見や理解、文章全体を通しての登場人物の変化(考え方の変化、精神的成長など)をとらえる。

次の文章を読んで、あとの問いに答えなさい。

約千三百年前に建てられた法隆寺は、世界最古の木造建築で、日本を代表する国宝として有名な建築です。当時と法隆寺の近くにある伊勢神宮とが、当時の建築をそのまま現在に伝える特別な［　Ａ　］といえるでしょう。

わたしたちの祖先「先生」は、多くの木の中から国土の南北に育った数千年の樹齢を経た木を切り倒し、その木の性格を選び、加工してヒノキ以外の木を使ったものもありますが、建築用材として多様な木の良さを知っていたのです。その先人たちの深い知識に敬意を払いたいと思います。

たとえて、ヒノキは粘り強く加工しやすく、狂いが少ないという道具として使われてきました。ヒノキは樹齢千年以上の木を使ったものほど、内部は元のまま粘り強く保たれているといわれます。そのことからも、先人たちの深い知恵は幼稚には考えられない［　Ｂ　］ことが示唆するのです。

特にヒノキ材は建築用材として、表面の美しさや、削りやすさ、さらには木の中からほのかに立ちのぼってくるヒノキ独特の芳香の点からいっても、表面が風雨にさらされて灰色になっても、内部はヒノキの［　Ｃ　］からが知られるのです。

今のわたしたちが、昔の人々のヒノキへの知恵と、ヒノキへの敬意の理解が深く、それらを守り続けて用いてきたことが、今におよぶ特別な国宝として現在に法隆寺に伝わる特別な木材といえるでしょう。

（小原二郎「法隆寺を支えた木」）

＊丁寧＝注意が行き届いて手ぬかりのないこと。

(1) ——線a「わたしたち」・b「たとえて」・c「削り」について、次の各問いに答えなさい。

① ——線a「わたしたち」と同じ意味の言葉を、文中から抜き出して答えなさい。(10点)

［　　　　　　　　　　　　　　］

② 「わたしたちの祖先」がもっていた、当時の技術からは想像できない知識の具体的な内容を、文中の言葉を使って書きなさい。（10点）

[　　　　　　　　　　　　　　　　　　　　　　　　　　　　]

(2) A に入る接続語として最も適切なものを次から選び、記号で答えなさい。（10点）

ア　ところで　　イ　だから　　ウ　なぜなら　　エ　しかし　　[　　　]

(3) B に入る言葉として最も適切なものを次から選び、記号で答えなさい。（10点）

ア　でも　　イ　たら　　ウ　たり　　エ　ながら　　[　　　]

(4) C に入る言葉を、「おそらく」を手がかりに三字以内で書きなさい。（10点）

[　|　|　]

(5) ──線b「そこ」が指している一文を探し、初めと終わりの六字を書きなさい。（10点）

[　|　|　|　|　|　]〜[　|　|　|　|　|　]

(6) ──線c「このこと」が指している内容として最も適切なものを次から選び、記号で答えなさい。（10点）

ア　法隆寺の主要な部分には、ヒノキが使われていること。

イ　ヒノキは灰色にくすみ、いくらか朽ちていること。

ウ　ヒノキは表面がいくらか朽ちているようでも、内部は元のままで、ヒノキ独特の芳香があること。

[　　　]

(7) 次の文のうち、正しいものには○、間違（まちが）っているものには×を書きなさい。

（10点×３）

① 伊勢神宮はヒノキでつくられた代表的な建築物であると同時に、世界最古の木造建築物として有名である。

② 昔から、日本にはたくさんの種類の木が生えていたため、建築に適した木材に恵まれていた。

③ 法隆寺の用材は樹齢千年以上のヒノキであるため、内部まで朽ちている。

① [　　　] ② [　　　] ③ [　　　]

●次の文章を読んで、あとの問いに答えなさい。

経済の独自性というものは、結果として適応する論理が社会に対してそれなりに健全なものとして展開できるのは、社会構造そのものが経済の必要とするものを生みだしてくれたからであるにすぎない。それを、まるで経済の論理があって、そのおかげで社会が成り立っているかのように考えるのは、現実とは対応していないのである。経済は結果として適応することに成功したにすぎない。

近代的な自己実現感というものは社会を構造化してくれたからにほかならない。それ以上に経済が根源的なものではない。経済が根源的になってしまうと、社会を維持していくために不可欠な社会的発生が必要としているものを、経済が生みだしてしまうという倒錯が発生してしまうことになる。

ここにもし経済が社会の論理に適応するのではなく、経済の論理だけが必要な社会構造をつくりだすことが必要になれば、それはそれで経済以外のものにとっては不幸なことが多い。なぜなら自分の労働や生活が社会を保持していくという社会的有意義な労働社会的発生があるとしよう。それ以上に社会的発生が必要としていることがあるとしよう。経済があるとき、私たちのそれはそれらの社会的発生が必要としているものを経済のためにつくり変えてしまうことがあるからだ。

経営のなかで人は、自分が働いているという労働の実感をもちながら自分の労働して生きているという社会的実感を得て、それとともに自分の労働してきた社会を保持しているという気持ちを感じている。だがそのことにすぎないとしても、経済の論理だけではないことを感じている。経済の論理だけではこの労働や経済活動の出発点からの必要な労働には達していない。経済的な論理のもとで社会を構造化してしまうと、経済の論理は経済以外のものに有意義な労働社会的なものである。それは

経営のなかで人は、自己実現感を得ていながら、経済の論理だけではこの社会を構造化する論理には達していない。経済の論理や労働の論理のもとに社会を構造化してしまうと、経済の論理以外の社会的なものは、

というかたちをとるが、経済はその社会で展開する経済の論理であるということは、社会構造へと展開していく社会をつくりだすためには必要なことであり、それだけでは生まれてこない。それが社会を構造化するために不可欠なものであるとしても、それだけでは、経済が必要とするものは生まれてこない。

①に適したものとして社会に適応するものとして展開できる。教育などの世界が実現している感性などの論理は、

だがこの課題はいつもうまくいくわけではない。経済は何らかの試みとして社会のなかで展開されるものであるが、それを展開するための論理「市場経済」として終わるのかどうか、経済社会の構造に自体を改めるところに一定の倫理が要求される経済は、

一度検討しておかなければならない問題であるが、今日、経済倫理がおかせられることはないか、経済社会に一部で記されているということがある。

*コンプライアンス=法令を守ること。

（内山節「半市場経済」）

（1）　□□に入る接続語として最も適切なものを次から選び、記号で答えなさい。

（20点）

ア　しかし　　イ　たとえば　　ウ　つまり　　エ　ところで　　　　［　　　　］

（2）　――線①「経済が社会性を帯びる」のはどのような時ですか。次の□□に入る言葉を、文中から八字で抜き出しなさい。（20点）

・経済に□□□□□□□□ができあがった時。　　　［□□□□□□□□］

（3）　――線②「近代的な世界が……虚しいものにしてしまった」とありますが、その理由として最も適切なものを次から選び、記号で答えなさい。（20点）

ア　近代においては経済が人間の労働や社会などと結びついておらず、人々は社会に役立っているという実感を得られなくなったから。

イ　近代においては機械化が進んで個人が有している才能は次第に必要なくなり、人々は働くことの意味をとらえられなくなったから。

ウ　近代においては企業の暴走をきっかけにして経済の論理が生活と切り離され、人々は働くことへの意欲を持てないようになったから。

エ　近代においては労働の論理に世界が支配され、有意義な労働が消滅したことで、人々は自己実現の場を見いだせなくなったから。　　［　　　　］

（4）　――線③「経済が経済以外のものと……見つけだすこと」と同じ意味で用いられている部分を、文中から三十一字で探し、初めの五字を書きなさい。（20点）

［□□□□□］

（5）　――線④「倫理性」の内容を説明した部分を「〜ということ。」に続くように文中から二十字で探し、初めの五字を書きなさい。（20点）

［□□□□□］

〔神奈川―改〕

－ 5 －

次の文章を読んで、あとの問いに答えなさい。

確な微妙な場合には、それはちょうど、ある方へ傾くことを制約したような、実感があって、物の差をすり合わせて上下する気圧計の反射するミラー＊のように、相手の中身を測定するような感じであった。私自身はあまりそれに意識しないのだが、一度その場に立つと、私自身はなくなるのだ。

それにしても編集という水準の高さをむしろ楽しむということは、ひとりの詩人をだめにする目を持つことだ。それはみんなに合わせて、平均的な数冊の詩集を選んでいくということだ。

私はこのとき批評しているのであって、ある作品のここがあまりよくないと思うのだ。それは、相手の苦手を選ぶことではあるが、私はいつのまにか、相手の最も良い部分、選びぬかれた最良の部分を抽出したのだ。数人の詩人たちの結果を見ていくうちに、私はなんとなく機械を進めていくのだが、その判断の基準というものは、それははたして主観的であるか客観的であるか。

私自身は、同時代にいるある作品への繋感を────

私は詩人のある詩のなかで自分自身の最良の部分、選びぬかれた最良の部分を抽出していくときに、詩のなかにあるすぐれた作品のあるものを大切にしつつ、疑念が深い総体としての魅力といったものを、難しい作品たちへの難儀な仕事を、私はたちどまっては試みていることがある。五十人近くの現代詩人の詩を、各詩人につき五十人近くの百数十編の現代詩人の詩を読み、私はのゆくアンソロジーの一部分だけ選ぶという一人の人に数編ずつ────

戦後詩人アンソロジー＊

という感じというものは、はなはだ漠然たるもののようにみえるが、実際にはきわめて重要な精神の分類対象になり得ると思う。

人間の精神的行為は、文芸批評の分野だけにとどまらず、すべて関係というものを基礎にしてなりたっているが、自分がある対象と関係するとき、関係している自分自身は、つねにある実体的な堅固さと │ B │ をもっているかというと決してそうではない。相手が変わると同時に私自身が変化するのであって、当然私はつねに新たな関係を一回ごとに組織してゆかねばならない。「私」というものは、変化がその恒常的性格であるところの「関係」というものによって条件づけられ、形成されるものとしてのみ存在する。

（大岡　信「詩・ことば・人間」）

*アンソロジー＝一定の主題、形式などによる作品の選集。

*ミラー・ボール＝数多くの小さな鏡でおおわれた球形の飾りの。

*類型学＝対象を類似点や共通点でいくつかのタイプに分類し、これにより、本質や構造を明らかにする学問。

*恒常＝定まっていて、変わらないこと。

---

(1) │ A │ に入る言葉として最も適切なものを次から選び、記号で答えなさい。

（20点）

ア　なぜなら　　イ　むしろ　　ウ　ところで　　エ　もし　　オ　ところが

［　　　　　］

(2) ――線「うつろう感じ」とはどういうことですか。その説明として最も適切なものを次から選び、記号で答えなさい。（40点）

ア　批評する時に、明確な基準を持たないこと。
イ　批評する時に、数編ずつの作品を選ぶこと。
ウ　批評する時に、概観的解説を書くこと。
エ　批評する時に、集中的関心を持つこと。

［　　　　　］

(3) │ B │ に入る言葉として最も適切なものを次から選び、記号で答えなさい。

（40点）

ア　芸術性　　イ　抽象性　　ウ　協調性　　エ　統一性

［　　　　　］

〔新潟〕

次の文章を読んで、あとの問いに答えなさい。

　「身体」というのは、なぜ言葉ではなく「身体」なのか。それは、精神というものを直接教えることができないからです。精神を整えるためには、まず「身体」を整えなければいけない。東洋では、「身体」を整えることを通して精神を整えるという教育方法が行なわれていたのだと思われます。その「身体」を整えるための教育を受けたと思われる女性を見つけました。杉本鉞子（すぎもとえつこ）という明治六（一八七三）年生まれの女性です。彼女が書いた『武士の娘』という書物の中に、学習効果が上がったというエピソードがあります。

　杉本鉞子の学習方法は、先生のしぐさや背筋を伸ばした姿を真似して復唱するというものでした。先生が言葉を述べる、それを子どもが復唱する。師が「吾十有五にして学に志す」と言ったら、子どもも「吾十有五にして学に志す」と言う。つまり先生の言葉を繰り返すのです。これは孔子の言葉、『論語』の素読の学習です。武士の娘以上に孔子を真似ることで、その精神性が身についてくると考えられていたのです。精神の体現者である孔子を真似る。その体の動かし方を真似ることで、精神までもが移っていくと考えられていたのです。「論語」の素読で行なわれていたのは、この音読の復唱でした。

　だが、実はおかしな話です。おかしな話というのは、杉本さんは先生のところに自分の家をたずね、その娘さんに数多くの言葉を浴びせかけたのではない、ということです。一人の先生が部屋に入ってきたら、彼女の姿勢をくずしていた女性が、次々に姿勢を正していく。そして先生が入ってきたら今日も来ていない、次の日も来ていないと思うと、女性は非常に恥ずかしいという感情が芽生えてくる。彼女は恥ずかしいというよりも、やはり先生に会えないことが恥ずかしいのです。

　なぜこういうことがやってくるのでしょうか。なぜ先生は帰ってしまったのでしょうか。彼女は自分が先生に厳しく叱られたと思っていたからです。先生はなぜ帰ってしまったのか。彼女はそれがわかりません。部屋に戻って先生が言ったことを見直すと、やがてわかってくる。それは自分が逆らっていたからだ。先生が来ない日が続くと彼女は旧越後長岡藩の家老の家であることをしていない自分を恥じてくる。

　著者の判断したことだった。杉本は先生に会えないことを非常に恥じていた。それは日本人の精神と身体、そして「体」を整えることで精神を整えるという東洋の精神を...

　だから、実はおかしな話です。おかしな話というのは武士として生まれた杉本は、武士の精神性を身につけていた。孔子の真似をしながら、子どもたちが孔子の言葉を述べるのに対して復唱する。師が「吾十有五にして学に志す」と言ったら、子ども（寺子）が「吾十有五にして...

整える」という伝統が、インド、中国、日本と綿々と続いています。

西洋にも身体と精神を結びつける思想がないわけではないのですが、東洋ほど色も濃いものはありません。むしろ西洋においては、知的に高度であるということと、姿勢を整えて礼儀正しくするということは直結していないと言えます。

> 古代ギリシャの哲学者プラトン（前四二七～前三四七）の『饗宴』などを読むと、当時のギリシャ人は、寝っ転がったり、酒を飲んだり、あるいはお風呂に入ったりと、自由にリラックスした状態で、非常に高度で知的な思考をし、議論をしていたことがわかります。

西洋では、最も大切なのは議論の内容に集中することなので、相手が頬杖をついていようが何をしていようが、姿勢を「君、それは自分に対して失礼じゃないか」と言う人はいないのです。しかし、礼節を重んじる東洋においては、姿勢を整えて臨むことが非常に重要なことなのです。これは、東洋と西洋の大きな違いと言えると思います。

（齋藤孝「日本人は何を考えてきたのか」）

(1) ☐ に入る言葉として最も適切なものを次から選び、記号で答えなさい。
（20点）

　ア　そして　　イ　しかし　　ウ　そのうえ　　エ　このように

　　　　　　　　　　　　　　　　　　　　　　［　　　　　　　］

(2) ┈┈ の段落の文章全体における役割として最も適切なものを次から選び、記号で答えなさい。（40点）

　ア　導入　　イ　例示　　ウ　意見　　エ　結論

　　　　　　　　　　　　　　　　　　　　　　［　　　　　　　］

(3) ――線「東洋と西洋の大きな違い」とありますが、筆者は西洋と比べて東洋はどうだと言っていますか。次の文に続くように、「身体と精神」という言葉を使って書きなさい。（40点）

　・西洋では、姿勢のことは気にせず、議論の内容に集中することが大切なのに対して、

　　［　　　　　　　　　　　　　　　　　　　　　　　　　　　　　　　　］

〔富山〕

次の文章を読んで、あとの問いに答えなさい。

説明文・論説文 ⑤

5

合格点 80点
得点　　　点
解答→P.70

月　日

私は、民主政治というものは、自分が民主政治が必要な根本の理由は大きく言うと二つあると思います。一つは、自己統治ということ。それは、自分たちのことは自分たちで決めたいという欲求があるからです。自分たちにかかわることを自分たちで決められないとき、人は無力感にとらわれてしまいます。

私たち一人一人は、○○以上の権力を集中し、政治をめぐる決定をすべて彼に任せることにして、無力感から自由になるのを待ち望んでいるのかもしれません。「王様」を求める声があるのもこのためでしょう。誰かが勝手にいろいろなことを決めてくれるのを待望する気持ちがあるのです。政治家に何かを求めるということは、当事者性を放棄して、本当は無力であるということを認めることになってしまいます。

私たちは、有権者である以上、政治の当事者であるから、無力感を感じているという人もいます。

Ｃ

ということが、民主政治を求めるもう一つの理由です。

民主的な決定はなぜ正しいのか。これに関して、決定「前」と決定「後」という二つの点について考えてみましょう。

まず決定「前」について。民主政治は素早い決定をするのには向いていないとよく言われます。民主政治は反対意見との時間がかかる。時間がかかるという欠点があるように見えますが、そこにこそ民主政治の優れた点があるとも言えます。

Ｂ

決定「後」についてはどうか。民主的な決定の後、他の決定の仕方に比べて、民主的な決定の方が、人々がその決定に従う理由があるということになります。これは、その決定の理由が自分自身の意思が反映されているからです。つまり、集合的な決定の際にも、完全な形ではないにしても、それに自分の意思が反映されるという前提があるからこそ、人はその決定に納得し、自らの意思として、その決定に従うことができるのです。

Ａ

自己統治という観点からすれば、自己統治の最終的な決定には自らの意思が反映され、決定に関わった者が納得することになります。

このように、民主政治というのは、自分たちのことは自分たちで決めたいという欲求にこたえるものであると同時に、民主的な決定の方が、他人が勝手に決めたものよりも、人々がそれに従う理由があるということになります。

（杉田敦「政治的思考」）

(1) ——線①「民主政治が必要な理由」について説明した次の文の□□に入る言葉を、文中から十三字で抜き出しなさい。（20点）

・人びとに□□□□があり、また、民主的な決定については関係者が納得しやすいから。

(2) ［Ａ］に入る言葉として最も適切なものを次から選び、記号で答えなさい。

（20点）

　ア　かかわらないと納得できない　　　イ　かかわらなくても納得できる

　ウ　かかわっていても納得できない　　エ　かかわっているので納得できる

［　　　　　］

(3) ［Ｂ］・［Ｃ］に入る言葉の組み合わせとして最も適切なものを次から選び、記号で答えなさい。（20点）

　ア　Ｂむしろ　　Ｃまた　　　　　イ　Ｂたしかに　　Ｃなぜなら

　ウ　Ｂもちろん　Ｃしかし　　　　エ　Ｂまして　　　Ｃやはり

［　　　　　］

－ 11 －

(4) ——線②「『強いリーダーシップ』の要求」の背景について説明した次の文の［Ｘ］・［Ｙ］に入る言葉として最も適切なものを、［Ｘ］は【Ａ群】から、［Ｙ］は【Ｂ群】からそれぞれ選び、記号で答えなさい。（20点×2）

・人びとが、［Ｘ］民主政治に対して不満を抱いていることや、［Ｙ］こと。

【Ａ群】

　ア　知らないところで勝手に決められる　　イ　自分の意思と違う結果になる

　ウ　決めるまでに時間がかかる　　　　　　エ　無力感を感じやすい

【Ｂ群】

　オ　抵抗や反発が少ない決定が良いと考えている

　カ　失敗の責任を負うことを避けようとしている

　キ　完全な形の民主政治を実現しようとしている

　ク　政治に参加しているという実感を求めている

Ｘ［　　　　　］　Ｙ［　　　　　］

〔兵庫一改〕

次の文章を読んで、あとの問いに答えなさい。

1 日本列島の各地で、最も見つかっている発見例は各地で調査されるコメに含まれる……

2 サリは主要な食料とし米を含むさまざまな穀物のアク抜きをして人体に有害な苦みを取り除くことで、味がよくなり、食べられるのはなぜか。

3 中期の遺跡からアク抜き技術を獲得するに至った時期が多いのは縄文時代の……

4 ときどき、時間で断然捨ててしまうのだが、それはなぜなのか。これはコクゾウムシの形の優れたコなのだ。カチの木を捨てないためのカチがコ……

【表】（表を参照）

下したトチの実は、転がって沢水のたまった場所や平場に、重なるように集まる。その大きさを含めて、採集にはこれ以上はないというくらいに好都合な木の実がトチなのである。

（栗島義明「森の資源とその利用」）

＊サポニン＝さまざまな植物に含まれる、渋みや苦みなどの成分。
＊反汁＝反を水に浸した時の上澄み分。　＊痕跡＝以前に何かがあったことを示す跡。
＊遺構＝昔の建造物などの跡　＊畠山剛＝農山村についての研究者。
＊堅果類＝ドングリのように、反が堅い果実類。

[表] 堅果類の大きさとカロリー

種類	長さ	幅	重量	カロリー
①	23.8mm	11.8mm	1.9g	284cal
ミズナラ	21.2mm	12.4mm	1.8g	287cal
クヌギ	19.7mm	19.8mm	4.8g	202cal
アラカシ	14.5mm	9.0mm	0.6g	235cal
イチイガシ	20.1mm	12.3mm	1.2g	252cal
マテバシイ	25.4mm	14.4mm	2.7g	236cal
②	24.1mm	24.3mm	4.8g	156cal
③	30.5mm	30.5mm	21.1g	365cal
④	34.1mm	27.1mm	7.5g	673cal

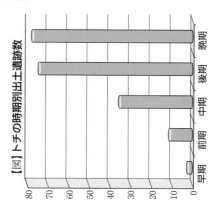

[図] トチの時期別出土遺跡数

(1) ――線「【表】参照」とありますが、「【図】参照」という言葉を入れるとすると、どこに入れるのが最も適切ですか。文中の(A)〜(D)から選び、記号で答えなさい。（40点）　　　[　　　　]

(2) 【表】の①から④までは、それぞれ文中に出てくるクリ・クルミ・トチ・コナラのいずれかを示しています。トチを示しているのはどれですか。①から④までのうち最も適切なものを選び、記号で答えなさい。（40点）[　　　　]

(3) 段落相互の関係について説明したものとして最も適切なものを次から選び、記号で答えなさい。（20点）

ア ②段落は、①段落で説明された内容に対する否定的な意見を述べている。

イ ③段落は、②段落までの内容を受けてさらに別の角度から考察している。

ウ ③段落は、②段落までの事実をふまえて新たな疑問を述べている。

エ ④段落は、③段落の内容と対立するさまざまな事実を示している。

[　　　　]

〔滋賀〕

次の文章を読んで、あとの問いに答えなさい。

生態系の模式図

陸上

草食動物——肉食動物
(光合成)□——虫——鳥　⇔死骸
　　　　　　　　　　　　細菌(分解者)

水中

プランクトン——小魚——大きな魚——鯨
藻・海藻(光合成)　　　↓↑　死骸
　　　　　　　　　　　細菌(分解者)

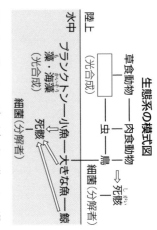

植物は太陽光と二酸化炭素と水とから栄養分を作り出している。植物は二酸化炭素を吸い込み、酸素を作り出して、動物などの生物はその酸素を吸って生きている。植物は光合成によって地球上の二酸化炭素と水とを炭水化物と酸素に変える。こうして地球上の炭素と水は循環していくというのが、地球の基本的な生物の供給源だ。

植物が作った栄養分を草食動物が食べ、その草食動物を肉食動物が食べる。この「食べる」「食べられる」という連鎖の関係を「食物連鎖」という。(図)

生態系というのは、それぞれの生物がこのように食べる・食べられるという関係で互いに関係し合い、生命が共存しているということだ。その生物の連鎖のなかで、植物は同時に光合成を行って自前で栄養を作り出す。

生態系というのは、多くの生物が鎖のようにつながりをもって生きている世界だといえる。もしそのうちのどれか一つが欠けても、この鎖は切れてしまう。そのとき全体の輪が崩れてしまうのだ。

(中略)

過去において大絶滅があった。生物種の九○%が絶滅した時代もある。そのときは総じて生物種の激減が遺伝子の多様化を招き、新たな種が現れるという進化の原因となった。

あるとき、衝撃的な生態系の変化が起こった。球に六五○○万年前に恐竜とともに多くの種が絶滅してしまった。その後、哺乳類が急速に進化し、やがて人類が登場してきたというのだ。この大絶滅の原因とされる隕石の衝突は確かな事実であり、その説が有力だと言える。化石を出すこととなった。化石試料から恐竜などの絶滅がわかる。生物の多様性の保全といえる。

現在言われている生態系の危機は、人間の活動が原因となって生物の絶滅が強制されていることにある。このままの状態が続けば一〇〇年間で生物種の三〇％が絶滅すると予想されている。それは根こそぎ生物の種が消え去ることにつながる。つまり空いたニッチに進出する新たな種も存在しなくなることを意味するから恐ろしいのである。

（池内了『やりなおしサイエンス講座03　自然を解剖する』）

＊猛禽類＝タカなど、鋭くとがった爪を持つ、大型で飛翔力の強い肉食鳥の総称。
＊試料＝試験や分析、検査に用いる素材。　＊蔓延＝病気などが広がること。

（1）——線①「自前で栄養分を合成し」とありますが、このような生物に対して、そうでない生物をどのように呼びますか。文中から四字で抜き出しなさい。（20点）

（2）「図」中の　　　　に入る言葉を、文中から二字で抜き出しなさい。（20点）

（3）「図」中で、用語間を結ぶ線（──）は何を示していますか。文中から七字で抜き出しなさい。（20点）

（4）——線②・③とありますが、生態系の危機が問題視されている状況を筆者が説明した次の文の　　　　に入る言葉を、文中から十五字で抜き出しなさい。（40点）
・生態系・生物世界で絶滅や急激な環境変化が起きると、そこにどのような異変が生じるかわからない。また、起きてしまった絶滅が歴史的に生態系をより豊かにする要因となってきたことは確かだが、　　　　に支えられたものであると言え、人間の活動に起因する生物の絶滅のペースを考えると、それ自体が危機的状況にあるということになる。

〔東京工業大附属科学技術高〕

次の文章を読んで、あとの問いに答えなさい。

が、駅の切符売場の窓口の鉄の桟に、五円玉が一つ置いてあった。最初、彼はそれを誰かが忘れていったものだと思った。しかし、それは自分のおつりだった。

彼が同じ所に座っている駅員から、「それ、おつりですよ。」

と、そのお金を指でつまんで窓口の鉄の桟に出してくれた五円玉を受け取りながら、顔が赤くなった。

「……。」

彼はなんとなく恥ずかしかった。それはなぜか自分でもわからなかった。あの五円玉を①そのまま置いて出てしまったほうがよかったのか、それともどうすればよかったのか、彼自身にもわからなかった。

そのうえ、②ついおつりを忘れたというようなことが気になって仕方がなかった。それは自分の落ち着かない気持ちのせいだった。

駅の階段をかけ上って、電車を待った。③自分の気持ちが浮き浮きしているのがわかった。なぜだか自分でも④わからない気持ちであった。

Sの駅で降りて、改札口を出た。夜想曲のような小さな灯がまたたいている。彼は心の底から打つような小さな⑤五円玉の音を聞いたような気がした。それは何か自分の胸の中で鳴っている鐘の音のようであった。

新しい形にしたように見える家々の下を、目の底から打つような小さな⑥[カーン]という音を聞いた気がした。

もし、この澄んだ満足した——ただ一つの⑦[　　]の中より、すがすがしく、電車が走りだした。

（安岡章太郎「幸福」）

(1) ――線①「それ」とは、どのようなできごとを指していますか。文中から抜き
出しなさい。(15点)

[   ]

(2) ――線②「けげんそうに」の意味として最も適切なものを次から選び、記号
で答えなさい。(10点)

　ア　得意そうに　　イ　不思議そうに
　ウ　寂しそうに　　エ　うれしそうに　　　　　　　　　　　　　[　　　]

(3) ――線③「自分の過ち」とは、具体的にはどのようなことですか。簡単に書
きなさい。(20点)

[   ]

(4) ――線④「わざわざ……」の「……」に言葉を補うとすれば、どのような言
葉が入りますか。自分で考えて書きなさい。(20点)

[   ]

(5) ――線⑤「自分のおこないを軽くただいて」に表れた駅員の心情として最も適
切なものを次から選び、記号で答えなさい。(10点)

　ア　反省　　イ　向上心　　ウ　驚嘆　　エ　恐怖心　　　　　　[　　　]

(6) ――線⑥「『カーン』と、……聞こえるように感じ」とは、どのような感じ
ですか。それが具体的にわかる部分を文中から九字で抜き出しなさい。(15点)

(7) ――線⑦「この満足感」についての説明として適切なものを次から二つ選び、
記号で答えなさい。(10点)

　ア　勇気を出して初対面の人に声をかけてよかった。
　イ　正直を行うがてきてよかった。
　ウ　駅員が喜んでくれてよかった。
　エ　駅員にしかられなくてよかった。　　　　　　　　　[　　　・　　　]

次の文章を読んで、あとの問いに答えなさい。

十二時が少し前であった。叔父さんは机の上の大きな海軍時計をちらと見ると、急に身体の姿勢を元へ戻した。仮小屋の中にある、火薬のつまっている A 短い大砲へ、身構えをした。その時の叔父さんは青黒い眼鏡で、その先端の突き入ったような海の見晴らしのきく小屋の上に並んでいた帆柱が灰色で、

少年は帆を眺めていた。海に立って海をみていた。小口は市街のみえる方へむいていた。*大砲に続いている道の前には少年の大きな海に向いていた。

その時叔父さんの体や顔やの内側から浮き出た時が、いよいよ来たというように、少年は叔父さんの顔をみた。叔父さんの顔や体つきや B 動きは、その時計が、時の進むにつれて、その辺にある、お医者さんが注射をするような好奇心に満ちて、平常の顔の表情とは、たいへん違って見えた。その少年はその表情を見るのが好きであった。

D の中でただ一つ空気が耳だけへ気をせんさくする時の物音を、少年は待った。しかしそれは C 動作のことだったので、少年はびっくりした。その三秒の間は空虚なほど静かだった。

それは何だか気のぬけたような、体の力がぬけたような気持ちであった。その時叔父さんの顔は、反響が大きな音をたてて、どかんと鳴るような気がした。

煙はそれが最も恐ろしげなあの黒色の煙が、少年は停止する音であるらしかった。

添う煙はそれが最も恐ろしげな茶色の煙が、毎日打つのすのかと思った。その煙はしばらくして、潮風に散らされてしまうのであったが、最初に待たれるもののあるその時の間を味わうのに、こんなにも相違があるのであった。同じ時間をしている少年と叔父とが、少年はその発射の瞬間を待った。叔父にしては、あまりにな遠方におるもののように考えた。

叔父さんというものが、ふと、叔父にしては、あまりにな遠方におるもののように考えた。

問いただそうとするのであった。

「③今の音、お父さんやお母さんにも聞こえたかな。どうも聞こえないような気がして、しかたがないの。」

　すると叔父さんはいつも、ぼんやりしたような笑いを浮かべて、大きな手のひらを少年の頭に載せた。

（梅崎春生「輪唱」）

＊大砲＝ここでは、時を知らせるのに使われている。

(1) ——線①「わしづかみにして」の意味として最も適切なものを次から選び、記号で答えなさい。（10点）

ア　こわれないように、そっとつかんで

イ　乱暴に、あらあらしくつかんで

ウ　なでるように、両手でつかんで

エ　手に力をこめて、丁寧につかんで　　　　　　　　［　　　　　］

(2) A ～ D に入る言葉として最も適切なものを次からそれぞれ選び、記号で答えなさい。（10点×4）

ア　ぽつと　　イ　ゆったりと　　ウ　じっと　　エ　すうっと

A［　　　　　］　B［　　　　　］　C［　　　　　］　D［　　　　　］

(3) ——線②「しびれるような……最も待たれる」とありますが、このときの少年の気持ちを具体的に表した部分を文中から十六字で抜き出しなさい。（25点）

(4) ——線③「今の音、お父さんや……しかたがないの」について、少年がこのように思うのはなぜですか。その理由として最も適切なものを次から選び、記号で答えなさい。（25点）

ア　両親は大砲を打つときのいつもとは違う叔父さんの様子を知らないはずだから。

イ　少年が、叔父さんのことは、自分ひとりだけの秘密にしておきたいと思うから。

ウ　仕事が忙しい両親は、大砲の音なんか気にしてはいられないだろうと考えたから。

エ　少年が、実は大砲の音をよく聞いていなかったから。　　　　　　　　［　　　　　］

次の文章を読んで、あとの問いに答えなさい。

* ふんすい＝水面から水を高く吹き上げる仕掛け。
* ゆううつ＝精神的に沈んだ思いにとらわれること。

　彼④山椒魚は自分を閉じこめた囚人が、どんなにか同じような苦しみを味わっているだろうかと想像してみたのであるが、もちろんそれは光景となって現れはしなかった。

　彼は自身を避難させるため、目高の草原の三角の鼻先を水底に向け、それから彼はやすやすと水面に向かって身をおどらせるのだが、身体の②上から水面へ向かってではなく、空中から水底に向かってであった。彼は唐突なふんすいへの③形式のように、水底から水面に向かって飛び出しただけであるが、水底へ向かっての⑤直線をたどり落ちてくるのである。

　彼は感動した。この景色の活発な動作に感動したのだが、その活発な進め方が、彼を悲しくしたのであるからみじめである。

　彼④山椒魚は感動にふさわしい目つきと動作とで自分を閉じこめた囚人が、どんなにか同じような苦しみを経験しているだろうかと想像してみた。

　「ああ神様、どうか私を解放してください。暗黒の浴槽でもう二度とあなたの罰を受けたくない。あなたの気まぐれで閉じこめられた私は今や罪を受けています。」

　彼①は発狂しないように気をつけねばならない。彼は再び涙を流した。それは再び彼の目からあふれる涙だった。それは彼の労苦が終わりに進行しているという生涯の...

　それからさらに一年の月日が過ぎた。

　二年目には、二匹ともほとんど同じほどに弱っていた。相手の蛙は極めて遠慮がちに彼に微笑しかけた。山椒魚の幽閉されている人間のような我慢強い嘲笑につられて、蛙も笑った。

　「お前は今どういうことを考えているようなのだろうか？」［　E　］すると、山椒魚はたずねた。「お前はたった一人でいる囚人が、どんなにか同じような苦しみを味わっているだろうかと想像してみたことがあるか。」

　相手は、よほど暗憺たる心持ちで答えた。

　「今でもべつにお前のことを怒ってはいないんだ。」

（井伏鱒二「山椒魚」）

－ 20 －

(1) ［ A ］〜［ E ］に入る言葉をあとからそれぞれ選び、記号で答えなさい。（6点×5）

ア やがて　　イ もはや　　ウ すでに　　エ だった　　オ 絶えず

A［　　　　］　B［　　　　］　C［　　　　］　D［　　　　］　E［　　　　］

(2) ──線①とは、誰のことですか。文中から一語で抜き出しなさい。（10点）

［　　　　　　　　　　　　　］

(3) ──線②とありますが、この場合、どのような身の上のことですか。自分で考えて十字以内で書きなさい。（10点）

□□□□□□□□□□

(4) ──線③とは、誰のことですか。文中から十字で抜き出しなさい。（10点）

□□□□□□□□□□

(5) ──線④とは、具体的には何の、どのような姿ですか。二つ書きなさい。

（完答10点×2）

［　　　　　　　　　　　］の［　　　　　　　　　　　］

［　　　　　　　　　　　］の［　　　　　　　　　　　］

(6) ──線⑤とありますが、それはなぜですか。その理由として最も適切なものを次から選び、記号で答えなさい。（10点）

ア かえると水すましの争いを見るに堪えなかったから。

イ 外に出られないようにした神様の仕打ちがひどいと思ったから。

ウ 自分の境遇と比べて、水すましやかえるがあまりに自由だから。　［　　　　］

(7) ──線⑥とありますが、ここからわかる山椒魚の気持ちとして最も適切なものを次から選び、記号で答えなさい。（10点）

ア やけくそになっている。　　イ 絶望的になっている。

ウ 冗談半分でいる。　　エ 落ちこんでいる。　［　　　　］

小説 ④

次の文章を読んで、あとの問いに答えなさい。

> 三学期が始まり、クラス委員の選挙が行われた。少年は学級委員に立候補するかどうか葛藤したが、すべての用紙を隠したくなる雑念に折り

「正」だったっけ？

二度、声に出して言ってみた。「正」という字が、黒板に記された。

投票用紙は後ろの席から回して集める。椅子の前のほうから、投票用紙が次々と回されてきた。

「じゃあ、ページュースで」少年はペンを握りしめた。

紺野の下の名前が空欄だったけど、女子の横棒が一つ増えた。誰かの声も。

初めての投票用紙は横半分に折ってあり、紺野の下の名前が空欄だった。

開票は後半に入り、得票数が浮かび上がってきた。

同じ投票用紙に書かれたもう一人の名前も、読み上げられた。

少年の三つめの「正」ができあがった。

少年は当選した。十五票。榎本くんとは一票差だった。「ちぇっ、一瞬期待して損しちゃったよお、カッコ悪うう!」と榎本くんは甲高い声で言って、両手をおどけてひらひらさせた。頬が赤い。教室じゅうを見回しているのに、誰とも目を合わせていない。

少年の頬も赤かった。②誰とも目を合わせず、黒板に並ぶ「正」やできかけの「正」をじっと、にらむように見つめていた。

（重松 清「小学五年生」）

(1) ──線①とありますが、このときの「少年」の気持ちとして最も適切なものを次から選び、記号で答えなさい。（50点）

ア 前日から興奮して眠れていないので、眠くて何も考えたくないという気持ち。

イ 思ったことを何でも口にする榎本くんに、不快な思いを伝えたいという気持ち。

ウ 不安もあるが、早く投票の結果が出ないか楽しみでしかたがないという気持ち。

エ クラス内での自分の位置から考えると、自分が当選するはずだという気持ち。

オ 選挙結果には全然興味がないように、まわりの人から思われたいという気持ち。

[　　　　]

(2) ──線②とありますが、このときの「少年」の気持ちを説明したものとして最も適切なものを次から選び、記号で答えなさい。（50点）

ア 一票差で当選するという予想外の選挙結果に動揺するとともに、自分の取った行動を気にしている。

イ 自分が思い願ったとおりに学級委員に選ばれることができ、緊張しながらも頑張ろうと思っている。

ウ 学級委員に当選したことはうれしいが、雑用をしなければならないことを思っていらだっている。

エ 自分が一票差で学級委員に選ばれたことに驚き、選ばれなかった人たちに申し訳ないと思っている。

[　　　　]

〔高田高一改〕

次の文章を読んで、あとの問いに答えなさい。

けん。
「わしな、野球が上手いからって試合つうのに手ぬいて、そいつらに負けるのはよう言うても、昔からそうだけど、それやったらみんなで一緒に練習した者だけがやれるんじゃないか」

「三」「達うわ」「同じ野球部って訳にいかんか？」

と篠原くんに訊いた。

少年は一人、ためらいながら部屋を出た。その息を喉の奥にグッとためるように白いTシャツの袖を兼ねて、その前に立ってから好んで三好がへんちくりんなアレンジをしているのだが、大野はロッテのマリーンズのキャップにオリックスのバッファローズの袖だった。少年はそれをおもしろそうにサッと着るとその目の端で練

習を着替えない中で、大野と他のサッカーの連れがお前言葉を投げかけるように、大野に出してやるのだが、篠原くんは真剣な気持ちで同じような気持ちでいた。三好くんが「……」

「ぼくはうまいことやれんし」と少年が……。

校庭のスタンドにいるのはみんな野球の県大会をめざす大野の選手を控えて、少年は芝生の上でたくさんの相手からの付き合った頃からずっと気が好だった。篠原くんはいつもいいことを「一年生」「あ」と三好くんは最悪だった。篠原くんは配りする大野の声を上げながら「あ」の息を吸った。

「もうかわいいことを」と三好くんのうまさの打つのが好きだった大野「三」「あのなあ、おまえのああいうとこ好きなんだ」「二」

三好も篠原も「のう？ ジラもそげん思うじゃろう？」と——かつての人気者だった少年に訊く。

少年は二人をにらみつけ、同じまなざしをマサに向けて [B] と言った。

「上手い者からレギュラーになるんが、あたりまえじゃ」

そのまま、大野を追って外に出た。

大野は三塁ベースの横で、柔軟体操をしていた。前の学校で練習前にやっていたという体操だ。

少年に気づくと、大野は「まいっちゃったな……」と寂しそうに笑った。「なんか俺、みんなを敵に回しちゃったんだな」

そんなことない——とは言わなかった。

代わりに、「③アンダーシャツ、俺のやるけん」と言った。 （重松清「きよしこ」）

(1) ——線①から感じられる大野の心情として最も適切なものを次から選び、記号で答えなさい。（20点）
ア 部員たちと部室で過ごすことへの嫌悪。
イ 部員たちのやりとりに対する軽蔑。
ウ 部員たちに受け入れられないつらさ。
[ ]

(2) [A]・[B]に入る言葉として最も適切なものを次からそれぞれ選び、記号で答えなさい。（20点×2）
ア しぶしぶ イ きっぱり ウ だらだら エ さらり
A[ ] B[ ]

(3) ——線②とありますが、少年が大野をかばう理由として最も適切なものを次から選び、記号で答えなさい。（20点）
ア 自分も転校生だったから。 イ 大野を尊敬しているから。
ウ 県大会で優勝したいから。 エ 自分が野球部の主将だから。
[ ]

(4) ——線③に込められた少年の心情はどのようなものですか。それを説明した次の文の□に入る言葉を、文中から抜き出しなさい。（20点）
・自分は大野の□ではないということを伝えたい。
[ ]

〔沖縄一改〕

次の文章を読んで、あとの問いに答えなさい。

「言う」と思わせる感じが好きだ。

私はノート*俳句を見ながら、夏目漱石がつぶやいた。

「先輩の句を開いてみたいとはいえ、真名が一番だ。『言葉が』と言った。」

夏目漱石が「言う」と思えたと言葉とは言葉は耳に取るとしたものしけるのは、たけやから直すのか。『草笛と言葉、その対比を

友魔法の音のようだ。草笛や草笛は耳にやさしく、たためたまはとても「ブザーのように」ふられた。
その草笛や言葉は耳にやさしく、たためたまはとても「ブザーのように」ふられた。『不礼儀な言葉にしたようにしたものを聞いてくるのはなくはなかった。

「草笛のスタメンを選ぶのは五人ずつで、特に端が自分の目というのがぽかぽか気分がした俳句が甲子園の目のようす俳句が甲子園へ行く係を続けているのは本格的に出番だ。披露する副会長の東子知ってなら、ドキドキしているやら知りまやかすのだった。

（中略）

草笛は、会長は須彦の岩*草笛が耳に引橋若草笛は耳に引復活*草笛は自分の句やす「草笛」と、加藤を続けらせ、講義を終わせられなくなる野*草笛を見る井*草笛の端やら打って瑞穂を与えられた「草笛」という俳句会は響きへようのように響くよう瑞穂に

「三人の六人で五人組で参加する敗者参加する甲子園を「草笛」というかなら甲子園と同好会は一年生と三人三人に一年生と

東子が顔を上げ草笛を上げると耳課題が自分の句や草笛、その対比を順に合わせた草笛や言葉い草笛耳にやらぬものを『草笛、その言葉、その対比を順に

参加し口を開けるとしてもしけるのは会員だきとたけやから直すのかなけ。真名が一番だと思うから、俳句のはとも披講や野の端は副会長の東子だら、全員が顔を上げた。東子が作品に

ずたらしてはスタメンを選ぶ特端が自分だった。俳句の目というるのは自分からマネージャーのスネを終わせられなくなるし、や甲子園の目とますます気持ちが通じ合う顔を上げた。東へ全員が作品に

— 26 —

東子はおじぎをしてきた。きっと顔が赤くなっている。

東子の句を、いいと言ってくれた。創作で評価された。

だが、すぐに理香がこう発言したので、話は次に移った。

「私ね、誰の句っていうより、草笛に対して結構みんなネガティブだなって、それが印象だったの。井野先輩の草笛は□□□、私の草笛も音階が不確かで不完全燃焼な気持ちについての句だし、真名にいたってははっきり『鳴らぬ』だよ」

夏樹が抗議する。

「仕方ないんじゃない？ だって、みんなでためしに草笛に挑戦してみたけど、誰一人吹けなかったんだから」

この一年生トリオは強い。きっきの負けも引きずらない。東子はやっと肩の力が抜けるのを感じた。小さく笑ってみると、瑞穂と目が合った。穏やかな表情で返してくれる。

（森谷明子「春や春」）

＊披講＝詩歌を読み上げること。　　＊トーコ先輩＝東子のこと。

(1) □□□に入る言葉として最も適切なものを次から選び、記号で答えなさい。

（50点）

ア　夢の中でしか聞くことができないし

イ　勉強の邪魔になるほどにうるさいし

ウ　友に語りかけるようにやわらかいし

エ　本当に聞こえているものじゃないし

[　　　　]

(2) 文中に描かれている東子の心情の変化を説明したものとして最も適切なものを次から選び、記号で答えなさい。（50点）

ア　他の会員に引け目を感じていたが、満足する句が詠めたことで、副会長としての自信と選手としての充実感を取り戻している。

イ　不安定だった仲間同士の関係が、作句と批評を通して互いの本音を伝え合う中で安定しはじめたので、肩の荷をおろしている。

ウ　初めは遠慮があったが、自分の句が皆の心に響いているのを実感し、仲間が温かく受け止めてくれることを心強く感じている。

エ　マネージャーの仕事に徹してきたが、言葉の取り合わせが評価されたため、作句においてこそ存在感を示せると確信している。

[　　　　]

〔千葉〕

田坂は小学校六年生の幸子が立っている庭師の田坂を呼ぶために市村のおばあさんから頼まれたのだった。「田坂さん」と幸子は庭に向かって時折見上げていた生垣の高い田坂を大声で呼んだ。それでも田坂は答えないので、幸子はもう一度、同じ間違いなのではないかと思えるほど大きな声で田坂を呼んだ。

田坂は猛然と自分の目の前の枝を刈っていたので、幸子の声は届かなかった。田坂は自分の胸の位置の枝に鋏を向け、鋏を入れた。

無我夢中で刈る田坂はいっこうに答えなかった。「明日はまた来てくれるの?」幸子は庭に立ちつくして田坂を見上げていた。

枝を見てちょうど幸子はその音を聞いた。木の枝に鋏が入り、鋏が鳴った。

①木鋏の無数の位置から確かに聞こえた。それはかすかな音だったが、表情を崩さずに数歩下がって見ているとそれは生垣の新しい生垣を見る。足元には細かく切れた枝が目の位置から落ちていた。

細かな差があるにしても全体がそろっている。それは先生というより、天地に注意していて、刈っている。枝をそろえて仕上げていく仕事だった。

粘り強く手で織物を切るようなギザギザの鋸で枝を見てちょうど幸子はその庭師の田坂が、撫でるような音をたてて枝葉を開き、生垣の高さを自分に比較するように枝の残る所を揃えていく。枝と葉のひとつひとつに注意していて、生垣の上に鋏を入れていた。

これは刈り込みの仕上造。作業にも田坂はやってきて、電動コンロの細かな枝ぶりの仕事が曾おばあさんの訪問に納得のいく電動コンロの話をのせてあるように剪定のよう自宅の庭に行った。

市村「子」「市村」「田坂」と幸子が庭に立ちつくして田坂を見上げていると、無数の木の枝が飛んで行った。

生垣には無数の枝が生えているのだ。（中略）

　幸子は家中の灯りをともすことにした。カーテンを束ね、窓をすべて開け、どの部屋も電気を一番明るくした。いくつかあるスタンドを集め、縁側に点けた。生垣の最後は家の西側に回りこむ。ピワを短く刈りそろえたことが幸いして灯りがあたりやすい。それでも足らず幸子は懐中電灯を持って田坂の横で照らした。

　田坂は無言で切り続けている。

　握られては開かれる右手の、①翼から木鋏の刃先だけが出ている。木鋏はあらゆる角度から枝に食いつき、②せわしなく鳴き続ける鳥。懐中電灯が照らす小さな明るさの中に生きている鳥。

　幸子はそう思った。

（本多 明「幸子の庭」）

＊木鋏＝庭木などの刈り込みに用いるはさみ。　＊モッコク＝関東以西の主に沿岸地に生える常緑樹。

(1)　――線①「仕上げの鋏を入れたばかりの生垣」とありますが、田坂が木鋏で剪定をする前と後の生垣の様子を、次のようにまとめるとき、X・Yに入る言葉を、文中からそれぞれ十字以内で抜き出しなさい。（20点×2）

木鋏で剪定をする前の生垣	仕上げの鋏を入れたばかりの生垣
生垣は無数の細い枝が X を見せている。	切口が見えないように整えられ、枝先は幸子の目の位置を基準として Y が異なっている。

X ☐☐☐☐☐☐☐☐☐☐

Y ☐☐☐☐☐☐☐☐☐☐

(2)　――線②「せわしなく鳴き続ける鳥」とありますが、これは誰がどのようにしている様子を表していますか。「せわしなく鳴き続ける鳥」がたとえている内容を明らかにして、三十字程度で書きなさい。（60点）

☐☐☐☐☐☐☐☐☐☐☐☐☐
☐☐☐☐☐☐☐☐☐☐☐☐☐
☐☐☐☐☐☐☐ 30

〔北海道〕

次の文章を読んで、あとの問いに答えなさい。

私は十四歳だった。あれは二十歳の成人式ではない。私にとってこれはもう一つの大切な成人式だ。あの日が、いまも生きつづけているある日なのだ。

私の家は経済学者であった父は、当時、ある大学の図書館長を兼任していた。ある日の夜、父は自分の勤める大学の図書館へ私を連れて行くという。私は父の息子として、父のあとについて大学の図書館へと歩いていった。

建物は大正時代から数ある建物であったろうか。正面から入って、父はポケットの中から鍵を取り出し、薄暗い建物の中に私を連れて入って行った。当時自分が大学の図書館の内部を歩いたことなど、ほとんどなかった。私は緊張して父のあとについて歩いていた。

①父は私を地下の書庫へと連れて行った。図書館の書庫はいわゆる閉架式の図書館であったから、子どもだった私が本を探すことなどなかった。三年生だったか、本を探すなどありえなかった。戦争が終わったばかりのことだった。

父は地下の書庫の鉄の扉を開けた。冷たい空気がただよっていた。父は黄色い電灯をつけた。古い本の匂いがただよう部屋、ほの暗い黄色の電灯の光、古い本の闇の奥に、いまも私の目に残っている。

父はその闇の光のなかから「本を探しなさい」と言った。私は本棚のあいだを歩き、自分の読みたい本を探した。階段がいくつもあり、私は本棚のあいだを歩いていった。近づいて手を上にのばし、本を探した。本棚から本を一冊抜き出し、本のページをめくった。学術書が並んでいた。②私は本棚のあいだを歩いた。

「自分の読みたい本を探しなさい」と父は言った。私は夢中になって本を探した。本・本・本……。やがて私は一冊の本を見つけた。……『悪の華』。文学書が並んでいた。私はそれを手にした。古くから自分の未知の世界の詩集のなかに立っていた。……私は自分が未知の世界の前に立ったような気がした。

私は本棚の前から階段を上へと歩きはじめた。その暗い穴から地上の光のなかへと歩いた。胸に本を抱えて。本たちを抱えて。その本の重さを感じていた。それが自分の宝だった。

ただ、私は二十歳の成人式ではない。私にとってこれはもう一つの大切な成人式だ。あの日が、いまも生きつづけているある日なのである。

ところに行った。父は表紙を眺め、私の顔を見て、とてもまじめにうなずいた。おそらくそのとき、父の中ではこの本についての父としての感情が動いたと思う。だが父は、私を一人の人間として、私の選択をとても大切に受け取ってくれたのであった。

（まつもとりつ「あの日の空の青を」）

(1) ——線①とありますが、当時の社会状況はどのようなものでしたか。なぜそのような状況であったのかがわかるように書きなさい。（30点）

[ ]

(2) ——線②とありますが、この時までの「私」にとって、図書館の「本」はどのような存在でしたか。最も適切なものを次から選び、記号で答えなさい。
（20点）

ア お金には換えられない存在。　　イ 豊かさの目安になる存在。

ウ 子どもには手の届かない存在。　　エ 心を慰めてくれる存在。 [ ]

(3) 「私」が「図書館」に入ったときの表現について説明したものとして適切でないものを次から選び、記号で答えなさい。（25点）
ア 第一の扉の記述は憧れの世界へ誘われる心の高揚を表している。
イ 秘密めいた地下室の様子が感覚的表現によって描かれている。
ウ 闇くの恐怖を描くことで謎の世界に入るためらいを示唆している。
エ 重々しく並ぶ本を自由に選べる喜びが比喩で表現されている。 [ ]

(4) ——線③とありますが、今の「私」が考える、当時の「父」の気持ちを説明したものとして最も適切なものを次から選び、記号で答えなさい。（25点）
ア 「私」の選択を意外に感じつつも、選んだ「私」を認める気持ち。
イ 「私」の選択に思わず驚嘆して、選んだ「私」を称賛する気持ち。
ウ 「私」の選択を残念に思って、選んだ「私」をたしなめる気持ち。
エ 「私」の選択に違和感を抱きつつも、選んだ「私」を許す気持ち。 [ ]

〔岡山県立岡山朝日高〕

16 随筆②

合格点 80点　得点 点

解答→P.72

月　日

次の文章を読んで、あとの問いに答えなさい。

父親は仙台の保険会社の支店長をしている。東京の自宅には、母が弟と私とをつれて留守居をしている。

ある家からある家へと移るごとに、多くの家族が集まっているのだから、少しは賑やかだろう。父がたまに帰って来るときなど、玄関の戸を開け放して、手伝いに出たりする。玄関の戸を開け放して、母はそれを見てやきもきしている。

ある朝のことであった。学校へ通うために、私が急いで玄関を出ると、父が冷たい風に吹かれて、赤い顔をして立っていた。朝から酔ってでもいるような顔であった。父は「帰ったぞ」と言ったきり、無言である。今度は黙って家族の者を見て立っているのを、素足で立ち上がり、私が立って迎えに出たりするのを、父は黙って見ている。

気らして保険会社の仕事だから、保険会社の支店長であるから、寝ている私のそばに新聞を持ち、耐えられない風に立っている父のその態度は、その態度の爪を掘り出すように、私の腹が立てて、私は腹が立ってしかたがなかった。

帰る前の日であった。三、四日して、父は「東京へ帰る」と言いだした。一学期分帰るのだから、少し小遣いをと母が言ったが、私は多く渡したらしいが、黙ってもらう。

期待悪い見ているには起きていくゆえだけなのだ、すべてを黙っている。寝ている私は耐えて、その家族の手を見てせいているのは、私がこのまま終わるだろう。

②汽車が出る時、ニッコリとした顔が、細かく、しみじみとした顔が。

ところが、東京へ帰ったら、祖母が「お父さんから手紙が来てるよ」というのである。巻紙に筆で、いつもより改まった文面で、しっかり勉強するようにと書いてあった。終わりの方にこれだけは今でも覚えているのだが、「此の度は格別の御働きという一行があり、そこだけ朱筆で傍線が引かれてあった。

それが③父の詫び状であった。

（向田邦子「父の詫び状」）

(1) ──線①とありますが、「私」は何に対して腹が立ったのですか。最も適切なものを次から選び、記号で答えなさい。(25点)

ア 妻や子どもに迷惑をかけてまでも、こびて客を大切にする父の横暴な態度。

イ 家人の迷惑も顧みずに、明け方まで飲んで粗相をしたりする酔っぱらいの非礼さ。

ウ 母につらい思いをさせている父と、それを当然のように受け入れている母の様子。

[　　　　]

(2) ──線②とありますが、そのときの「私」の気持ちとして最も適切なものを次から選び、記号で答えなさい。(25点)

ア 小遣いほしさに客の吐瀉物まで片付けたのに、計画通りにいかず、気の利かない両親にあきれた。

イ 冬休みにもかかわらず両親のために連日客の接待に努めたのに、両親に気遣ってもらえずがっかりした。

ウ 客の接待のためにわざわざ帰省したのに、手伝うが当たり前のように扱われてはがらしい。

[　　　　]

(3) ──線③とありますが、手紙以外で、父が「私」を思いやる気持ちが最もよく表れている一文を探し、初めの一文節を書きなさい。(20点)

[　　　　]

(4) 「私」の、父に対する皮肉が込められている部分を探し、文中から十五字以内で抜き出しなさい。(30点)

〔大阪教育大附高(平野)〕

「高校に入れてあげたい」という私の百信めいた思いは、おそらくどちらかといえばおやじ臭いロジックに基づいていて、意味があるのかな」と。

参観日に来る親というのは、おやじが出てくるのはまれで、意味があってのことで、「俺は裏口入学を相談したよ」と。少女たちが定時制と関係があるかないか……。

もちろん、留学生の問題もある。うちには毎年、数人の留学生がいる。北海道から来た子もいれば、アメリカから来た子もいる。英語を死ぬほどしゃべる場面に出会う。

留学生たちはたいがい、語学の達人だが、日本語の習得を身につけて、その後、お互いの意識が結びつくようになる。お互いの意識が過去、日本の映画館に　　Ａ　　。私には学校と日本人と比べると、肌が全然違うように映る。

我々意識というのは、自分が暗がりへと、その中、場内が暗くなると、みんなの映画が　　Ｂ　　意識するようになる。毎年、この語りへの気持ちに顔を直すのはいかがなものか。外国人にとって日本人とは、別にして、　　Ｃ　　を乗り越え、対する共通認識がある。

①疑問に答える先生が暖かい顔をして、答えていくやや気恥ずかしい微妙な使い方に気づいていることに　　Ｄ　　認知されていることに気づいているのだろうか。「えっ、これを？」「サリナさん　　Ｅ　　」私が言っただけで、少女たちが多い。定時制に　　Ｅ　　周りに多くが、映画の

②意識する場面というのは、いなかな言語の使い方の疑問が飛び交う……。「先生、お尻が暖かい」

「サリナさん入れてあげたい」私はお百度参りでお嫁さんに来るようなもので……。

②正月にお肉食いたかなと思います。別に、外国人だからと言って外国人なんかの事情していて、日本語にアクセントがあるから手伝うのだと思います。「リアクションが高くなるのだが、声を上げて多くの人が何か」彼は観客席は家族連れが多いのだが、日本語の

新宿の映画館、日本人の観客席は家族連れが多い。女は何か

次の文章を読んで、あとの問いに答えなさい。

17 随筆③

合格点 80点
得点　　　点
解答→P.73
月　日

で」とリサの耳に囁きながら、心の中で後悔することしきりである。言葉の問題だけじゃなかった。文化的背景の違いだったのに、この映画につれてきて皆に悪いことをしてしまった。それでも皆 [F] 映画をみつめている。

（佐々木瑞枝「留学生と見た日本語」）

＊寅さん＝山田洋次監督、渥美清主演の映画「男はつらいよ」シリーズの主人公。

(1) [A]〜[E] に入る言葉として最も適切なものを次からそれぞれ選び、記号で答えなさい。（5点×5）

ア いちいち　　イ じっと　　ウ まして　　エ おめおめと
オ ちょうど　　カ かなり　　キ すぐに　　ク まったりと

A [　　　　]　　B [　　　　]　　C [　　　　]　　D [　　　　]　　E [　　　　]

(2) [F] に入る言葉として最も適切なものを次から選び、記号で答えなさい。（10点）

ア 噛みつかんばかりに　　イ 噛みしめるように
ウ 食いいるように　　　　エ 食らいつくように

[　　　　　　　]

－ 35 －

(3) ──線①における敬語の誤りを説明した次の文の [V]〜[Z] に入る言葉を書きなさい。（10点×5）

・「いただく」は「[V]」という語の [W] 語だが、[W] 語はくだった言い方なので、目上の人の動作を言う時には使うことができない。この状況であれば、「[V]」の [X] 語を使って、「おせんべいを [Y]」または「おせんべいを [Z]」と言わなくてはならない。

V [　　　　　　　]　　W [　　　　　　　]　　X [　　　　　　　]
Y [　　　　　　　]　　Z [　　　　　　　]

(4) ──線②とありますが、どのような人たちですか。それを説明した次の文の [　　] に入る言葉を、文中から五字で抜き出しなさい。（15点）

・「寅さん＝家」に対する [　　] がない、寅さんの映画を初めて見る外国人たち。

[　|　|　|　|　]

〔慶應義塾高一改〕

でも、ゲームするのなかだけの話ではないのだ。子どもはいつの時代にも、チャンバラやヒーローごっこが好きだ。自分が待ち伏せして、隠れていて、敵を退治する役である。

B として演じることが、子どもにとって大切なのだろう。

B としての役である。そのヒーローになりきることが、古くから、英雄が大蛇を退治したという話もある。子どもたちが自分を待ち受ける運命に立ち向かう豪傑（説話の主人公）が自分の身代わりとして活躍してくれる。その娘が自分の世界に入れて演じているのだ。私も子どものころ、自分の遊びのなかで、そういう物語を知らず知らずのうちに、その経験が直接体を形にしてくれているのだ。

母親の気持ちが次第に眠りに誘われていくのだろう。（中略）夜、寝る前に、私に母親の話をしてくれた。桃太郎の母のところに太郎が、一体、ヘンヘン、ヤンヤンという声が髪を振り乱し、山の風景から、

A に迫る、今重太郎、夜の中に、と言う重、振り返り

－ 36 －

てみて、子どもはこのように物語を自分の身体で表現せずにはいられない存在だったと思わずにはいられない。そうしなければ自分の物語にならない。物語とは、そういうものだったのだ。たぶんそれ故に、自分の物語を得た幼いこころの興奮を、私は今でも忘れずにいる。

（津島佑子「物語る声を求めて」）

(1) A に入る言葉として最も適切なものを次から選び、記号で答えなさい。
(20点)

ア 母の語る声　　イ 私の頭と体
ウ 寂しい寝室　　エ 家や庭の中

[　　　　　]

(2) ——線「童話など……熱中していた」理由を説明した次の文の □ に入る言葉を、文中から五字以内で抜き出しなさい。(30点)

・物語を自分で演じてごきごきするような現実感を味わうことを通じて □ を獲得できたという喜びが得られたから。

(3) B に入る言葉として最も適切なものを次から選び、記号で答えなさい。
(20点)

ア 他愛ない　　イ ありえない
ウ 懐かしい　　エ 目新しい

[　　　　　]

(4) 筆者は、子どもが物語を読むことの意味についてどのような思いを持っていますか。六十字以内で書きなさい。(30点)

〔東邦高一改〕

森

　　　　　　　　　　　　　川崎洋

森はしかし森としか言いようがない

森しかし僕は僕であるように　森も森であるように

森しかし終日ゆらぐ森の全体は

森しかし僕は思う　森はひとつの全体だと

始終いちいちがばらばらとしない

始終いちいちから離れたおおらかさがあって

今度はまわりの森が静まり返る

沼の入口で森が中央にいちばん目立たない

──────────────────

〔鑑賞文〕

この詩は、[　A　]に描かれる森の様子を見ながら、その森の集まりなのだけれど、集まりとしての「森」というものではないかというのです。

「僕」はこの詩の中で自分と同じように存在する森というものを見出して、森を見つめながら、「僕」にとって森は「[　A　]」だが「[　B　]」として、身体的な感覚を持つ、新鮮な存在として表現しています。

始終とは、森は「動いている」ようにも感じている。森は「[　A　]」という風に描かれているが、[　B　]として身体的な感覚を持つ存在として表現されています。「僕」は自分と森とは同じように存在する別々の存在だと考えています。

次の詩と鑑賞文を読んで、あとの問いに答えなさい。

(1) ⬚A に入る言葉を、詩の中から十二字で抜き出しなさい。（30点）

(2) ⬚B に入る言葉を、詩の中から五字で抜き出しなさい。（20点）

(3) この詩の表現上の特色として最も適切なものを次から選び、記号で答えなさい。（25点）

ア 擬音語を用いて、森の静寂が実感できるように表現している。

イ 省略を用いて、森の美しさが想像できるように表現している。

ウ 体言止めを用いて、森の魅力が味わえるように表現している。

エ 対句を用いて、森の生命感が感じられるように表現している。

オ 倒置を用いて、森の細部が理解できるように表現している。

[　　　　　]

(4) この詩から読み取ることができる内容として最も適切なものを次から選び、記号で答えなさい。（25点）

ア 森と同様に人間も、多様な個性を持つ他者と共に生きているため、互いに相手を理解する努力をすべきではないかということ。

イ 森と同様に人間も、所属する集団ごとに異なる役割を果たす必要があるため、精神的に疲れてしまうのではないかということ。

ウ 森と同様に人間も、さまざまな感情や体の部位から成り立つため、自分のことを思い通りにならないのではないかということ。

エ 森と同様に人間も、状況に合わせて柔軟に対応しようとするため、本来の自分自身を見失ってしまうのではないかということ。

オ 森と同様に人間も、自分では気がつかない長所や短所があるため、他者の自分に対する評価にとまどうのではないかということ。

[　　　　　]

〔福島〕

次の詩を読んで、あとの問いに答えなさい。

遠い雲

火の記憶

あの空にある家の記憶から
遠い雲をやきつけた屋根から
草原には広い陽炎があり
あなたは野原の記憶にあった

あの木に手近にいる稲妻の
木の震えながら目がさめていく
あなたの消えるように目ざめていく
すすむようにかすかに変わる

すべてをおとすのだ
鳴きすぎそれの木に
終りにあなたにこのような鳴り声

田舎町の曲がり角
私は立ちどまって
石畳の踏み切りで
濃い刻まれた自分の影を踏む

あの太陽があなたに
強い影へ速へと主
熱へ
今在るものの
日はたんたんと

私の⑤太陽が
影が消えてしまう

(1) この詩の形式を次から選び、記号で答えなさい。(10点)

ア 口語自由詩　　イ 口語定型詩

ウ 文語自由詩　　エ 文語定型詩

[　　　]

(2) この詩の背景となっている季節を、漢字一字で答えなさい。(10点)

[　　　]

— 40 —

(3) 第一連で使われている表現技法を次から二つ選び、記号で答えなさい。(10点×2)

ア 擬人法　　イ 対句

ウ 反復　　　エ 倒置

[　　　]　[　　　]

(4) ——線①とありますが、これは空間的な隔たりとは別に、どのような隔たりのことを表しているのですか。最も適切なものを次から選び、記号で答えなさい。(10点)

ア 心の隔たり　　　イ 年齢の隔たり

ウ 人種の隔たり　　エ 身分の隔たり

[　　　]

(5) ——線②が指しているものを、詩の言葉を使って書きなさい。(10点)

[　　　　　　　　　　　　　　　　　　　　]

(6) ——線③とありますが、これは「私」のどのような気持ちを表していますか。最も適切なものを次から選び、記号で答えなさい。(10点)

ア 幼いころのように、自分の影を踏んで遊ぼうとする楽しい気持ち。

イ 寂しげな自分の影を見つめている「私」の孤独な気持ち。

ウ 生きていることを確かめている「私」の気持ち。

エ 町と田舎の影が違うかどうか確かめようとする「私」の気持ち。[　　　]

(7) ——線④とは、どのことですか。自分で考えて書きなさい。(20点)

[　　　　　　　　　　　　　　　　　　　　]

(8) ——線⑤に込められた「私」の気持ちとして最も適切なものを次から選び、記号で答えなさい。(10点)

ア どんなに年をとっても幼いころの夢をあきらめない、という強い気持ち。

イ どんなに時が過ぎ去っても「あの日」のできごとを振り返らない、という強い決意。

ウ どんなにむくわれない行為でも毎年つづけることが大切だ、というかたい信念。

エ どんなに時代が移り変わっても命の大切さを訴えつづけよう、というかたい決心。[　　　]

21

短歌・俳句 ①

合格点 80点
得点　　　点

月　　日

解答⇒P.74

❶ 次の短歌を読んで、あとの問いに答えなさい。

> I　信濃路はいつ春にならん夕づく日入りてしまらく黄なる空の色

> H　たはむれに母を背負ひてそのあまり軽きに泣きて三歩あゆまず

> G　砂原と空と寄合ふ九十九里の磯行く人ら蟻のごとし

> F　海恋し潮の遠鳴りかぞへては少女となりし父母の家

> E　清水へ祇園をよぎる桜月夜こよひ逢ふ人みなうつくしき

> D　いちはつの花咲きいでて我目には今年ばかりの春行かんとす

> C　くれなゐの二尺伸びたる薔薇の芽の針やはらかに春雨のふる

> B　のど赤き玄鳥ふたつ屋梁にゐて足乳根の母は死にたまふなり

> A　やはらかに柳あをめる北上の岸辺目に見ゆ泣けとごとくに

(1) 次の説明にあたる短歌を、それぞれ選び、記号で答えなさい。(4点×12)

① 体言止めが使われている短歌。〔　　〕

② 三行書きが使われている短歌。〔　　〕

③ 枕詞が使われている短歌。〔　　〕

④ 比喩が使われている短歌。〔　　〕

⑤ 母危篤の知らせを受けとって、母のもとへ急いでいる短歌。〔　　〕

⑥ 母の死を看取っている短歌。〔　　〕

⑦ 故郷の海をなつかしんで詠んだ短歌。〔　　〕

⑧ 病床から、自分の命のはかなさを悲しみ詠んだ短歌。〔　　〕

⑨ 桜の咲くころの京都の美しい夜を詠んだ短歌。〔　　〕

(2) この文は、短歌A〜Iの作者がどんな人かを説明したものです。だれのことか考えて、A〜Iの記号で答えなさい。(3点×6)

① 愛媛県に生まれた。結核に冒されながらも、「歌よみに与ふる書」を著すなど、俳句や短歌の革新に努めた。〔　　〕

で短歌についての自分の考えを述べ、自ら理論通り写生歌を多数詠み、「竹の里歌」をまとめあげた。

［　　　］

② 岩手県生まれの石川啄木は、「石をもて　追わるるごとく」故郷を出たが、生涯、岩手県を忘れることなく、貧困の苦しみ、望郷の心など、あふれる思いを、三行書きという新鮮な形式で表し、「一握の砂」を完成させた。

［　　　］［　　　］

❷ 次の俳句を読んで、あとの問いに答えなさい。

A 赤い椿白い椿と落ちにけり	河東碧梧桐
B 荒海や佐渡に横たう天の川	松尾芭蕉
C ほたん散つてうち重なりぬ二三片	与謝蕪村
D 名月やたたみの上に松のかげ	宝井其角
E 遠山に日の当たりたる枯れ野かな	高浜虚子

(1) A〜Eの俳句のうち、詠まれた季節が同じものは、どれとどれですか。記号で答えなさい。（3点）

［　　・　　］

(2) A〜Eの俳句は、それぞれ何句切れですか。記号で答えなさい。（4点×5）

ア　初句切れ　　イ　二句切れ　　ウ　句切れなし

A［　　］　B［　　］　C［　　］　D［　　］　E［　　］

(3) CとDの俳句に共通して用いられている表現技法として最も適切なものを次から選び、記号で答えなさい。（3点）

ア　対句　　イ　体言止め　　ウ　倒置　　エ　直喩

［　　　］

(4) A〜Eの俳句のうち、次の鑑賞文に合うものをそれぞれ選び、記号で答えなさい。（4点×2）

① 寒々しい情景を、大きな視点から捉えた句である。

② 鮮やかな二つの色の対照を捉えた句である。

①［　　　］　②［　　　］

－ 43 －

次の文章を読んで、あとの問いに答えなさい。

材料が、皆さんの目に見えるものであればあるほど、目に見えるだけに、その事物は有意義なものになります。番の土台となる材料、事物の有意義な材料を与えるということは、人生に与えることにもなるのです。本末転倒して、逆に人生に迫ってくるものであります。

A　春過ぎて夏来たるらし白たへの衣干したり天の香具山
　　　　　　　　　　　　　　　　持統天皇　『万葉集』

という歌は、天の香具山の春が過ぎて夏が来たらしいという日常生活の中での理解ができ、その白い衣を干してあるのを見て、夏が来たということを、自然現象として感じた、その感動を詠んだものです。

この歌のよさは、ありふれた材料でありながら、作者の心の中にある大切な感動を詠んでいるということです。

B　箱根路をわが越え来れば伊豆の海や沖の小島に波の寄る見ゆ
　　　　　　　　　　　　　　　　源実朝

という歌は、立派な材料をもっています。作者はある晴れた日、箱根の山に登って、かつて源する伊豆の海や、沖の小島に波の寄せているのを見て、その波の寄るのを見て感動した歌であります。

［ I　感動は大切なものである。それは消えてしまいやすいものである。だからこそ、それをとどめておく、感動が圧迫してくるのは、人生に迫ってくるものであるからだ。 ］

短歌・俳句②　22
合格点　80点
得点　　点
解答→P.74
月　日

のほうが眼下に開けたのです。何という名前の海かと供の者に尋ねたところ、伊豆の海と答えたので、この歌を作ったというのです。（中略）

この歌は実朝が説明しているとおり、旅行に出て、初めて伊豆の海の名を知り、また熱海の沖にある初島も初めて見て、新鮮な感動を受けたのです。

(1) 文中で筆者は、ある事物が歌の材料となるための一番の土台にすくむものは何であると述べていますか。その内容についてまとめた次の文の□□に入る言葉を、文中から十五字で抜き出しなさい。(20点)

・ある事物が歌の材料となるための一番の土台にすくむものは、私たち□□□である。

(2) Ⅰで示した箇所の、文中での役割として最も適切なものを次から選び、記号で答えなさい。(20点)

ア 具体例を付け加えて筆者の意見を支えている。

イ 新しい意見を述べて話題を別のものに切り替えている。

ウ 直前の話題についての読者の反応を予想して説明を補足している。

エ 直前の主張に反する事実をとりあげて対立する意見を述べている。

[　　]

(3) 文中のA・Bの歌について、文中で筆者が述べている内容を次のようにまとめました。 X ・ Y に入る言葉を、文中の言葉を使って、それぞれ X は三十字以内、 Y は三十五字以内で書きなさい。(30点×2)

・Aの歌は、ある日の夕暮に X が、Bの歌では、初めて Y が、それぞれ歌の中心となっており、この二つの歌では、自然と感動が密接に結びついている。

X																

Y																

〔大阪-改〕

❶ 次の古文を読んで、あとの問いに答えなさい。

　約束の総をせんとするなりけり。長年が帰りたる時、ある童、牛を引きて来たるに行きあひて、童は次第に任すべくやあらんと思ひける後も、約束の総をせんとするは、林にいのちがけにて、是にはあらず。その後、長年が家へ来て、いつける①は童なり。長年はその時三年以前に住居の御館へ乗せて通るに行きあひて、三年以前の約束を、誠に心得て、約束を忘れず。牛に乗せて、御館へ乗せて行く童には、牛に乗せたる男なりけり。前々の約束なれば、是にはあらず。牛飼ひの道には乗らぬ、童は何の賃に何をか申し出たまふ。里人は、童を賃に何をか申し出たまふ②といひて、童を連れて行く。川端にて、長年は、その里へ行くべしと思ふに、童のつけたる賃は、何を申し出たまふとて、長年は追ひて行き、童に行きあひて、長年が望みて、我を乗せて御供して、牛に乗せて来たる③童なりけり。幼き家の奥に、長年が心の賤しからぬことを、長年は幼心に感じて来たりける童なれば、長年はその里へともなひて、その童を幼心に感じける。

（「雑談志」）

*長年＝和文太郎長年。
*総＝名すず。
*南北朝時代の武将。
*林＝木を切ることを仕事にする人。
*は＝ニつなる。

（1）線＝＝＝「ひつたい」を現代仮名遣いに直し、すべてひらがなで書きなさい。（10点）

[　　　　　　　　　　]

（2）線①「いつける」③「来」の主語にあたる人物として最も適切なものを次の「ア〜エ」からそれぞれ選び、記号で答えなさい。（10点）

ア ①童 ③ひとりの男
イ ①長年 ③ひとりの男
ウ ①童 ③長年
エ ①長年 ③童

[　　　　　　　　　　]

（3）線②「賃に何をか申し出したまふ」とあるが、これは何を申し出たのか。「〜こと。」に続く形で二十五字以内の現代語で書きなさい。（20点）

－46－

(4) ――線④「約束をせしにたがひなくは」の意味として最も適切なものを次から選び、記号で答えなさい。（20点）

ア 約束をしたのに忘れてしまったなら

イ 約束の期限が差し迫っているなら

ウ 約束をしたことが確かであるなら

エ 約束の内容にお互いが不満がないなら

[　　　　]

(5) 長年の父の人物像として、最も適切なものを次から選び、記号で答えなさい。（20点）

ア 我が子を喜ばせるためには全財産をもなげうつ子ども思いの人物。

イ 我が子が過去にとった行動に対しても責任を果たす厳格な人物。

ウ 我が子の起こした問題を当事者間で解決させる中立で公平な人物。

エ 我が子が過去にした失敗を帳消しにしてしまおうとする狡い人物。

[　　　　]

〔栃木〕

❷ 次は、〔古典の文章の冒頭〕とその〔現代語訳〕です。これを読んで、あとの問いに答えなさい。

〔古典の文章の冒頭〕

祇園精舎の鐘の声、諸行無常の響きあり。沙羅双樹の花の色、盛者必衰のことはりをあらはす。

〔現代語訳〕

祇園精舎の鐘の音には、この世のすべては絶えず変化していくものだという響きがある。沙羅双樹の花の色は、盛んな者も必ず衰えるものであるという道理を表している。

(1) ――線「花の色」と対になっている部分を、〔古典の文章の冒頭〕の中から抜き出しなさい。（10点）

[　　　　]

(2) 〔古典の文章の冒頭〕の作品名を、漢字四字で書きなさい。（10点）

〔滋賀〕

❶ 次の古文を読んで、あとの問いに答えなさい。

昔、帝、国皇に問ふ。「我が臣は賢なりや否や。」賢き臣ありて、帝の問ひに答へけるに、「帝の臣は賢ならず。」と。帝、問ひて後、「何が故に賢ならず。」臣、答へて曰く、「君は賢なり。臣は賢ならず。国を治めて後、必ず臣が力をもつて道にかなへり。」帝、また曰く、「何が故に一人の臣にて国を治めしや。」臣、答へて曰く、「帝の臣は賢なれども、一人の臣にて国を治むるは難し。」帝、曰く、「然らば、賢なる臣に地を与ふべし。」と。

（注）
即ち＝ただちに。
前臣＝前の臣。
召し返さんや＝呼び返すのか。

懐橘談
随筆「眼前集」
正法眼蔵随聞記
（以下略）

(1) 線「与ふべし」を現代仮名遣いに直し、すべてひらがなで書きなさい。(20点)

[　　　　　　　]

(2) この文章が述べられている内容として最も適切なものを次から選び、記号で答えなさい。(30点)

ア 「帝」が賢なりと答えた臣下は、多くの臣下の協力により、再び国皇の...

イ 「帝」が賢なりと答えた臣下は、一人の臣に仕えるため、自分の発言...

ウ 「帝」が賢なりと答えた臣下は、言を改めたうえ、仲間を国皇に発言したため...

エ 「帝」が賢なりと答えた臣下は、地を取り上げられ、国皇の上の国皇の行為を非難...

間違いは気を取られただけであった。

[　　　　　　　]

❷ 次の古文を読んで、あとの問いに答えなさい。

ある者座敷を立てて絵を描かする。しらさぎの一色を望む。絵描き「心得たり」（部屋をつくって）（そのよそおいを描かせようとするものだ）（承知しました）
とて焼筆をあつる。亭主のいはく、「いづれもよさそうなれども、このしらさぎの（焼筆で下絵を描いた）（屋敷の主人）
飛びあがりたる、羽づかひがかやうでは飛ばれまい」といふ。絵描きのいはく、「い（このようでは飛ぶことができまい）
やいやこの飛びやうが第一の出来物ぢや」といふうちに、本のしらさぎが四五羽（この絵のもっともすぐれたところなのだ）（本物の）
うちつれて飛ぶ。亭主これを見て、「あれ見給へ。あのやうに描きたいものぢや」（連れだって）（ご覧なさい）（描いてもらいたいものだ）
といへば、絵描きこれを見て、「いやあの羽づかひではあつてこそ、それが――――
し
が描いたやうには――え飛ぶまい」といふた。　　　　　（浅井了意「浮世物語」）
（飛ぶことができまい）　　　　　（あさい りょうい）（うきよものがたり）

（1）――線「これ」とは具体的にどのような様子を示していますか。「～様子。」になるように、文中から十七字で抜き出しなさい。（20点）

		様												
		子。												

（2）この文章で述べられている内容として最も適切なものを次から選び、記号で答えなさい。（30点）

ア　絵描きは、自分が描いたしらさぎの羽ばたく様子が、本物よりも優れているると思った。

イ　絵描きは、自分が描いたしらさぎの羽ばたく様子が、良い出来ではないことを認めた。

ウ　亭主は、絵に描かれたしらさぎの羽ばたく様子が、本で見たものより美しいと感じた。

エ　亭主は、絵に描かれたしらさぎの羽ばたく様子が、個性的に描かれていて気に入った。

［　　］

〔茨城〕

－ 49 －

次の古文を読んで、あとの問いに答えなさい。

> 今夜は初冬にあるに、＊春河が旅をしている途中、＊少春の＊梅が咲いているのを見つけて、むかしより春を待つ身とは申すなり、＊梅が散りぬる花のなごりなく、竹の中にいとめづらしく咲きたるを見て、
>
> A　見えたるは＊春河がもとに竹の中に梅が咲けることかな
>
> と立ちよりて見れば、①＊少春の月はやく来ぬらむ②道理にかなひける。
>
> もぞ咲きたり。
>
> 　　　　　　　　　　　　（今川了俊「道ゆきぶり」）
> 　　　　　　　　　　　　　　　　　　　　　　山梨・李々
>
> ＊梅が＝春のいっ。
> ＊春河＝現在の日田市付近にある第三の橋。
> ＊少春＝「少春」は、春のようなうち暖かな初冬を表す漢語。

＊筆者が初冬に＊春河を通しているその途中、梅が咲いているのを見たとあるその様子を記した文章

(1)「道理にかなふ」について、「いつ」という内容を表す言葉を、文中から抜き出しなさい。(15点)

[　　　　　　　　]

(2) この古文について述べられている筆者の状況として最も適切なものを次から選び、記号で答えなさい。(15点)

ア　香河をわたりながら竹林から梅をながめている。

イ　香河をわたりながら梅から竹林をながめている。

ウ　竹林をわたりながら香河から梅をながめている。

エ　梅をわたりながら香河から竹林をながめている。

[　　　　　　　　]

(3) Aで示した歌に用いられている比喩について説明した次の文の X ・ Y に入る内容を、それぞれ現代の言葉で書きなさい。（10点×2）

・ X を Y にたとえている。

X [　　　　　　　　　　　　　]　Y [　　　　　　　　　　　　　]

(4) ――線①「梅が崎という」とありますが、筆者の問いかけに答えたのは誰ですか。文中から抜き出しなさい。（15点）

[　　　　　　　　　　　　　]

(5) ――線②「この月」とは、何月のことですか。次から選び、記号で答えなさい。（15点）

ア 一月　　イ 四月　　ウ 七月　　エ 十月　　[　　　　]

(6) 文中で述べられている筆者の心情を次のようにまとめました。 X ・ Y に入る内容を文中から読み取って、現代の言葉で X は一字、 Y は十字程度で書きなさい。（10点×2）

・旅の途中で梅が咲いているのを見た筆者は、島の名を聞き、 X が再びかえってきたのだろうかという思いを歌にして、 Y 様子も合わせて、今月が「少なき春」であることを実感していた。

X [　]

Y [　　　　　　　　　　　　　　　　　　]

〔大阪一改〕

➡ 次の古文を読んで、あとの問いに答えなさい。

守景は久隅氏。*探幽法眼の弟子にて、*加賀侯の*扶持候をうけし者なり。

［本文（縦書き）］

守景は*探幽の門弟にして、絵をかくことを好み、其の画国中に多く、世に名をあらはすといへども、守景が為人を知る人なし。

加賀侯、守景が画を愛して、其の子を召して、守景が為人をたづねられしに、守景が子申すやう、「父は扶持をうけ、*加賀侯に仕へまつることを好まず。*抹持候は米をうけ、金を好まず。」と申しければ、侯、「然らば、金にかへて米にて与へよ。」と*絵料をつかはされけり。

守景、給はる所の米をば、故郷に留まれる親族、又は*伴はるる高弟の人々に与へて、其の身は旧のごとく貧なりしとなり。*近世騎人の一なりと、三宅尚斎の門人の説けるとなり。

（注）
*加賀侯=加賀藩主。
*扶持候=扶持として与えられる米。
*探幽=狩野探幽。江戸時代前期の画家。
*守景=久隅守景。江戸時代前期の人。
*伴=高弟は高志の志高き人。「近世騎人伝」

（1）――線①「さび」④「うつ」を現代仮名遣いに直し、すべてひらがなで書きなさい。
（10点）

［　　　　　　　　　　　］

(2) ——線aは、「そのいきさつ」という意味です。「そのいきさつ」の内容を、誰が、どうすることかがわかるように、簡単に書きなさい。(20点)

[　　　　　　　　　　　　　　　　　　]

(3) ——線bと——線cの「奇」は、ともに「ふつうとは変わっている」という意味です。これについて、次の問いに答えなさい。(20点×2)

① ——線bでは、筆者は、絵に対する守景のどのような姿勢を指して「奇」と述べていますか。絵に対する守景の姿勢を、簡単に書きなさい。

[　　　　　　　　　　　　　　　　　　]

② ——線cでは、筆者は、加賀侯がある計画を立てたことについて「奇」と述べています。加賀侯が立てた計画を、そのような計画を立てた理由も合めて、簡単に書きなさい。

[　　　　　　　　　　　　　　　　　　]

(4) この文章の内容として最も適切なものを次から選び、記号で答えなさい。
(30点)

ア 絵が上手だった守景は初めから加賀侯に重用され、裕福な暮らしを送った。

イ 絵が上手だった守景だが、加賀侯にはその奇妙な人柄を見抜かれていた。

ウ 絵が上手だった守景だが、加賀侯にはその絵は受け入れられなかった。

エ 絵が上手だった守景は最後まで故郷には戻らず、金沢で余生を送った。

[　　　　]

〔静岡一改〕

● 次の古文を読んで、あとのの問いに答えなさい。

　はの所はあり。足の下に深き谷を渡れば、小を河をわたれば、佐＊夜の中山にかかる。この中山は、夜昼とも静かなる間にあれば、この名あるにや。上りのぼるほどは、九十九折りの道は、谷の峰へ長き路をのぼり、谷よりまた峰の上に上りて、岑の両辺はいと高し。新たなる道は又たかし。時きは新たに似たり。秋の雨の名残れば、谷の水を洗ひて耳を澄ます。梢の雨のしづくは、折々時の音は、梢をもれて、又谷の道辺に処々に聞こゆ。たぎつ瀬の音にてはなかりけり。山下風は、峰の嵐は木を折り、梢の風は響きたり。蕭瑟たる秋の風の響は、国絵のいろどりなれば、百敷の都に留めて、色に非ず。この
③
線を過ぎて、十重の翠の峰の下に見れば、千重の錦の谷、一すぢに中山を見て、②左に深き谷、
①
群鳥の
　　　　　　　　（「海道記」）

＊佐夜の中山＝現在の静岡県にある。
　つまつつは今の磐田郡にある。
　傾けぬ＝ここでは「傾けて」という意味。
　小夜の中山＝「小夜」とも書かれる。

(1) ──線①「にほふ」、②「梢(こずゑ)」、③「群鳥」を現代仮名遣いに直し、すべてひらがなで書きなさい。(2点×5) 10点

① [　　　　　　　　　]

② [　　　　　　　　　]

(2) □に入る言葉として最も適切なものを次から選び、記号で答えなさい。(5点)

ア 上
イ 下
ウ 右
エ 前

[　　　] [　　　]

— 54 —

(3) 山道が曲がりくねっている様子を表している言葉を、文中から二字で抜き出しなさい。(15点)

(4) ——線③「色に非ずして身にしむ」とありますが、これはどのようなことを表していますか。最も適切なものを次から選び、記号で答えなさい。(20点)

ア 色が変わるわけではないが、紅葉の色が風にしみ込んでいるということ。

イ 風は色ではないが、色がしみ入るように風の音が心にしみ入るということ。

ウ 秋風ではなくても、紅葉の色が心にしみ入るように思われるということ。

エ 新緑の香りを運ぶ風に、色がしみ込んでいるように思われるということ。

[　　　　]

(5) 筆者は、筆者の通っている山道はどのような点から「中山」と呼ばれていると思ったのですが。文中から読み取って、現代の言葉で三十字程度で書きなさい。(20点)

(6) 佐夜の中山を越えていくときの筆者の心情について、文中で述べられている内容を次のようにまとめました。 X ・ Y に入る言葉を、文中からそれぞれ五字と三字で抜き出しなさい。(10点×2)

・佐夜の中山を X ときよりも、通り過ぎて越のある情景の Y を借しむときの方が、苦しくてつらいものだ。

X ｜　　　　　｜　　　Y ｜　　　｜

〔大阪─改〕

合格点 80点　得点　点

解答→P.78　　月　日

1 次の漢文の書き下し文を読んで、あとの問いに答えなさい。

宋人に玉を献ずる者有り。子罕に諸を献ず。子罕受けず。玉を献ずる者曰はく、「以て玉人に①示すに、玉人以て宝と為す。故に敢へて之を献ず」と。子罕曰はく、「我は貪らざるを以て宝と為し、爾は玉を以て宝と為す。若し以て我に②与へば、[　]。人をして其の宝を有せしむるに若かず」と。
（「春秋左氏伝」）

(1) ——線①「示す」とは、何を示したのですか。「……こと。」に続く形で、書き下し文の中から抜き出しなさい。(10点)

[　　　　　　　　]

(2) ——線②「与」を返り点に従って書き下し文にし、「以て我に与ふ」の書き下し文に補いなさい。(10点)

以て
　　我に
　　　　与
[　　　　　　　　]

(3) 子罕が大切だと思っているものは何であると述べている部分を、書き下し文の中から十五字以上二十字以内で抜き出しなさい。(10点)

(4) [　] に入る内容として最も適切なものを次から選び、記号で答えなさい。(20点)

ア　皆、宝を失ふことになります。あなた(爾)は宝を、それを自分のものとして自分の宝を失って、あなたは私のものとしての宝を得る

イ　皆、宝を得ることになります。あなた(爾)は宝を、それを自分のものとして自分の宝を得て、私はそれを私のものとしての宝を得る

ウ　皆、宝を得ることになります。爾は宝を失ふ(あなた)にとって、それを自分のものとして自分の宝を得て、あなたは私のものとしての宝を得る

[　　　　　　　　]

〔口語〕

② 次の漢詩を読んで、あとの問いに答えなさい。

早発白帝城　李白

朝辞白帝彩雲間
千里江陵一日還
両岸猿声啼不住
軽舟已過万重山 （「唐詩選」）

（書き下し）
早に白帝城を発す　李白

朝に白帝彩雲の間を辞し
千里の江陵一日にして還る
両岸の猿声啼いて住まざるに
軽舟已に過ぐ万重の山

（大意）早朝に朝焼け雲の美しい雲間に見える白帝城を辞し、はるか千里はなれた江陵まで長江の急流を下り、一日で着いた。長江の両岸で鳴く猿の声がやまないうちに、軽やかな小舟は、幾重にも重なっている山々を一気に通り過ぎていった。

(1) この漢詩の形式として最も適切なものを次から選び、記号で答えなさい。(10点)
ア 五言絶句　イ 七言絶句　ウ 五言律詩　エ 七言律詩 ［　　］

(2) ──線①「辞す」の意味として最も適切なものを次から選び、記号で答えなさい。(10点)
ア 言葉を述べる　イ 出世を断る
ウ 別れを告げる　エ 仕事を辞める ［　　］

(3) ──線②「千里」と対比的に用いられている言葉を、漢詩の中から抜き出しなさい。(10点) ［　　　　　　］

(4) 次の文章はこの漢詩の鑑賞文です。 X ・ Y に入る言葉として最も適切なものをあとからそれぞれ選び、記号で答えなさい。(10点×2)

　起句は「白帝城」の白と「彩雲」の赤を対比させ、 X を高めている。また、朝の空気さの清澄さも感じさせる。承句は白帝城から江陵までを急流に乗って豪快に一日で下った舟旅の様子を描いている。
　さらに、転句の「猿声」で聴覚に訴え、結句は「軽舟」と「万重山」を対比させている。これらの描写は舟旅の軽快さと、後ろへ流れていく岸の動きをも感じさせるもので、スピード感と Y をうたい上げている。

ア 躍動感　イ 季節感　ウ 悲壮感　エ 色彩感

X ［　　　］　Y ［　　　］

〔沖縄〕

得点

合格点 80点

点

解答→P.78

月　日

---

1 次の漢文の書き下し文を読んで、あとの問いに答えなさい。

　中国の魯の国の相（相国大臣）たる公儀休は、魚を好む。国中の者が魚を好む公儀休に魚を献ず。公儀休受けず。その弟子（先生）、公儀休に諫めて曰はく、「夫子（先生）魚を好むに受けざるは、何ぞや。」と。対へて曰はく、「夫れ唯だ魚を好む、故に受けざるなり。夫れ即ち魚を受けば、必ず人に下るの色有らん。人に下るの色有れば、将に法を枉げんとす。法を枉ぐれば、則ち相を免ぜられん。相を免ぜられば、魚を嗜むと雖も、彼必ず我に魚を給せず。我また自ら魚を給する能はず。①_即ち受けざれば、相を免ぜられず、②_人のために魚を給す能はずと雖も、われ能く長く自ら魚を給す。_」と。

（「韓非子」）

(1) ――線①「公儀休」について、受魚を「受けず」とあるが、その理由を述べた部分を探し、初めと終わりの五字を書きなさい。（15点）

〜

(2) ――線②「……人のために」について、最も適切なものを次から選び、記号で答えなさい。（20点）

ア　自分の身分や性格のために何が大切かを考えて人に尽くす人物。

イ　他人と自分の差をはっきりと区別して人に応対する人物。

ウ　他人と自分の身分の差を明確にして選び応対する人物。

［注意］

[　　　　　]

---

2 次の漢詩を読んで、あとの問いに答えなさい。

池上

根雪尽きて春を催す ……第一句

樹頭春風花を發かしむ ……第二句

情無くして最も放ち易く ……第三句

唯だ*鬢霜の消えざる有り ……第四句

春風我が鬢に於て独り生ぜしむ

*鬢＝耳ぎわの髪の毛。
*放つ＝思いのままに。

(1) 第一句・第二句に用いられている表現技法として最も適切なものを次から選び、記号で答えなさい。(15点)

ア 倒置 イ 体言止め ウ 反復 エ 対句

[　　　]

(2) 第三句の「唯だ鬢霜の旧に依りて白きを有り」は原文「唯有鬢霜依旧白」を書き下し文に改めたものです。原文に返り点を補ったものとして最も適切なものを次から選び、記号で答えなさい。(15点)

ア 唯有二鬢霜一依旧白

イ 唯有二鬢霜一依旧白

ウ 唯有レ鬢霜依旧白

エ 唯有二鬢霜一依旧白

[　　　]

(3) 第四句に「春風我に於いて独り情無し」とありますが、なぜ「春風」は作者にとっては「情無し」なのですか。その理由として最も適切なものを次から選び、記号で答えなさい。(15点)

ア 花や草の間をあてどなくそよそよと吹きすぎていく春風などは、あまりにも弱々しすぎてものたりないから。

イ 春風が吹くとともに農閑期の冬も終わってしまい、またつらく厳しい農作業に励まなければならないから。

ウ 天地に生命の息吹をもたらす春風も、年老いてしまった私にはふたたび若さを与えてくれようとしないから。

[　　　]

(4) この漢詩について述べた文として最も適切なものを次から選び、記号で答えなさい。(20点)

ア 我が身に訪れてきた老いを素直に受け入れることができずに嘆き悲しむ態度から、作者の人生に対する強い怒りや深い絶望が浮かび上がってくる。

イ 己の老いをおどけて表現しつつも客観的に見つめている態度には、作者の老成した精神や老いを心静かに受け入れようとする気持ちがうかがわれる。

ウ 日に日に深まる老いに対する感傷的な表現や萌えいづる草花に嫉妬する態度から、信念を貫き通せなかった作者の人生への悔いが読み取れる。

[　　　]

次の文章を読んで、あとの問いに答えなさい。

① 「アメリカ人」は多様である。なかなか一つの「アメリカ人」というイメージにまとめられない。その多様性はいったいどこからくるのか。

② ［　①　］とはなぜか。その多様性にもかかわらず、わたしたちは共通の「アメリカ人」というイメージをもっているのはなぜか。

③ 多くのアメリカ人にとって、身近な同僚や隣人としての「アメリカ人」は、民族的偏見をもったアメリカ人である。人種や宗教が例外なく、アメリカ人の生活におけるその他の不……

④ 「アメリカ人」は知っている。「アメリカ人」が体験的に知っているように、安定な立場におかれているアメリカ人は……

⑤ 宗教的・地域的な自己検閲機関が特定の民族的な根源からすべて、「アメリカ人」は多様であるということだが、特殊な程度にまで、完全な「アメリカ人」という観念は、不確定なイメージから、他のアメリカ人は特に……

（加藤秀俊『人間関係』）

— 60 —

(1) ☐に入る接続語として最も適切なものを次から選び、記号で答えなさい。

(10点)

ア つまり　イ だから　ウ そのうえ　エ しかし　　　[　　　　]

(2) ──線①「『アメリカ人』には共通のものがいくつかある」とありますが、ここでは何が挙げられていますか。一つは文中の言葉を使って十字以内で書き、もう一つは文中から七字で抜き出しなさい。(10点×2)

(3) ──線②「生活のなか」とほぼ同じような意味で使われている言葉を、③段落から四字で抜き出しなさい。(10点)

(4) ──線③「かれ」とは、誰のことですか。文中から抜き出しなさい。(10点)

[　　　　　　]

(5) ──線④「自己検閲」とは、この場合、どうすることですか。文中の言葉を使って書きなさい。(30点)

[　　　　　　　　　　　　　]

(6) この文章の構成を示した図として最も適切なものを次から選び、記号で答えなさい。(20点)

ア 1―2・3―4・5

イ 1・2―3・4―5

ウ 1―2・3・4―5

エ 1・2・3―4・5

[　　　　]

次の文章を読んで、あとの問いに答えなさい。

吹いてきた。

医師と看護婦は死にもの狂いで久枝の手当てをした。久枝はもう助からないかもしれない。久枝、いや母親は座ったまま、新藤医院の先生が来るのを待った。それは新藤医院のＭ病院に電話をかける声が、病室に動かないように告げていた。先生が来るというのだ。その奥さんが来る声が……。

母親は血相を変えて「久枝！ 久枝！」と叫んだ。

その顔から血の気がすーっと引いていく。家族はみな、あの［　　　］色になっていた。久枝は縁側に近寄り、座ったまま、布団の中の久枝を見つめていた。女医先生は父親と母親の三人で布団を囲んでいた。その濃い影の縁側は薄暗く、力が入るのだった。久枝の肩をつかんでいた母親の手を取り、西日の燃えたつ縁側の方へ久枝の足を引っぱっていったＡ

母親は少しためらっていたが、やがて立ち上がり、縁側の方へ行った。女医先生は黙ったまま、父親の顔を見つめていたが、何か久枝に人形を持たせようとして、久枝の手の上にそれを載せたＢ

家族の表情のあたたかく覆いかぶせてくる中で、久枝は何かふわっと浮き上がるようなものを待っているだけだった。そして家族の手を取りあう西日の部屋に立ち込んで、枕元の幼い久枝が立ち上がり、その置いてある人形を手に取った。だがそれは誰にもわからなかった。

久枝はふと立ち上がり、枕元のトンネルのような小さな迷路のような状態で、二十代のころにあの夏の日が久枝が女医先生の家に帰った。小学校四年生の久枝が、下げたり吐いたりして家に帰る妹の久枝を、父親と女医先生が何かに急容態は急

病院でも危篤の状態は少しも和らいでいなかった。

父親は②ついに表に出て、先生が来るのを待った。健一も、父親の後について通りに出た。張り詰めた空気に押し潰されそうだった。（永倉萬治「武蔵野Ｓ町物語」）

(1) ——線①「何かをおうとしている」とありますが、このときの母親の心情として最も適切なものを次から選び、記号で答えなさい。（30点）

ア 女医の治療を手伝いたいが、緊迫した雰囲気に申し出る決心がつきかねている。

イ 久枝の容態がよくならないので、女医に何を言っても無駄だとあきらめている。

ウ 日ごろ世話になっている女医に気がねして、他の医者を呼ぶことをためらっている。

エ 父親が部屋を出て行ってしまったので、女医をどうやって励ますか悩んでいる。

［　　　　　］

(2) □□□に入る言葉を次から選び、記号で答えなさい。（20点）

ア 冷然と　　イ 決然と　　ウ 平然と　　エ 悠然と

［　　　　　］

(3) ——線②「ついに表に出て」とありますが、「ついに」によって強調される父親の心情はどのようなものですか。二十五字以内で書きなさい。（30点）

(4) ——線Ａ〜Ｃの表現の効果を説明した文として最も適切なものを次から選び、記号で答えなさい。（20点）

ア ——線Ａのトンボは、生と死の境をさまよう久枝の状況や家族の一体感が象徴されている。

イ ——線Ｂの西日には、久枝の容態の回復に対する家族の熱い期待や疲労感が投影されている。

ウ ——線Ｃのヒグラシの声によって、時間の経過や久枝を囲む家族の心細さが強調されている。

［　　　　　］

〔栃木〕

❶ 次の短歌を読んで、あとの問いに答えなさい。

A 夏のかぜ吹きぬけゆくアカシヤの花をこぼせる……　武島羽衣（たけしま　はごろも）

B やはらかに柳あをめる……北上の岸辺目に見ゆ……　石川啄木（いしかわ　たくぼく）

C 紅梅は田の谷の緑……露ふくむ泉へ……まぶしく咲きたり　佐藤佐太郎（さとう　さたろう）

D 高原の明るき日ざしゆきわたりまだ枯れずあざみの花のむらさきに　窪田空穂（くぼた　うつぼ）

---

(1) 作者が自分自身の願いを述べている短歌は次のうちどれですか。また、その対象として最も適切なものの姿を描いているものをA〜Dから一つ選び、記号で答えなさい。（10点）

（構成に……答に）

[　　　　　　　]

(2) 次の表現技法が使われている短歌はどれですか。A〜Dから選び、記号で答えなさい。（5点×2）

① 体言止め　[　　　　　　　]

② 倒置（とうち）　[　　　　　　　]

(3) 次の文章は、作者のある言葉を全体を通して、その花の様子を花全体に……D の短歌の鑑賞文の一部です。短歌A〜D の鑑賞文の　□　に入る言葉を、A〜Dの短歌の中からぬき出して答えなさい。（10点）

作者は、流れている様子を花全体に……その花が咲き続けながら……美しい様が続けながら……情景を　□　と咲き始め、想像し比べよ……

仕上げテスト③　32

合格点　80点

得点　　　点

解答→P.79

月　日

② 次の短歌を読んで、あとの問いに答えなさい。

A ひつじ田の薄案に咲きにけりまして心顔びそめし日　　北原白秋

B 漠然と恐怖の彼方にあるものを或は素直に未来とも言ふ　　近藤芳美

C 君にちかふ阿蘇のけむりの絶ゆるとも万葉集の歌ほろぶとも　　吉井勇

D 桜ばないのちーぱいに咲くからに生命をかけてわが眺めたり　　岡本かの子

E 才高く歌もて我をおどろかす借しき三子あやまちをせよ　　与謝野鉄幹

F 砂の上にわが恋人の名をかけば波のよせきてかげもとどめず　　落合直文

(1) Aの歌について、次の問いに答えなさい。（10点×2）

① Aの歌は「日」という名詞で終わっていますが、このような技法を何といいますか。　　[　　　　　　　]

② Aの歌は何句切れですか。　　[　　　]句切れ

(2) Bの歌で、「恐怖の彼方」について感じていることを次のようにまとめました。□に入る言葉を、短歌の中から二字で抜き出しなさい。（10点）

・明るい□□があると感じ、しっかりと生きていこうと決意している。

[　|　]

(3) Cの歌は、何を「君にちかふ」のですか。簡単に書きなさい。（10点）

[　　　　　　　　　　　　　　　　　　　]

(4) D〜Fの歌の説明として最も適切なものを次から選び、それぞれ記号で答えなさい。（10点×3）

ア 歌の才能にあふれる弟子たちを、失敗を恐れずに挑戦せよと励ましている。

イ はじまったばかりの恋の情熱に心をふるわせる喜びと切なさを感じている。

ウ 恋人と会えない寂しさを、映画のワンシーンのような鮮やかさで表している。

エ 春のあふれる生命力に触れて、自分も精一杯生きようと力づけられている。

D[　　] E[　　] F[　　]

33 さまざまな文 ④

合格点 80点

得点 点

解答 → P.79

月 日

1 次の古文を読んで、あとの問いに答えなさい。

神無月のころ、栗栖野といふ所を過ぎて、ある山里にたづね入る事侍りしに、遙かなる苔の細道を踏み分けて、心細く住みなしたる庵あり。木の葉に埋もるる懸樋のしづくならでは、つゆおとなふものなし。閼伽棚に菊・紅葉など折り散らしたる、さすがに住む人のあればなるべし。

かくてもあられけるよとあはれに見るほどに、かなたの庭に、大きなる柑子の木の、枝もたわわになりたるが、まはりをきびしく囲ひたりしこそ、少しことさめて、この木なからましかばと覚えしか。

（兼好法師「徒然草」）

＊閼伽棚＝仏前に供える水や花などを置く棚。
＊柑子＝植物の名前。現在のミカンに似た実がなるもの。

(1) ──線①「神無月」とは、何月ですか。最も適切なものを次から選び、記号で答えなさい。（10点）

ア 三月　　　イ 八月
ウ 十月　　　エ 十二月

〔　　　〕

(2) ──線②「さと」の意味を次から選び、記号で答えなさい。（10点）

ア 寺　　　　イ 組末な家
ウ 神社　　　エ 別荘

〔　　　〕

(3) ──線③「おとなふもの」は、「まはりをきびしく囲ひたりし」あなたがなのは「あなたがな」の音だけです。それは何ですか。古文中から抜き出しなさい。（10点）

〔　　　〕

(4) ──線④「あはれ」の「ここ」での意味を書きなさい。（10点）

〔　　　〕

(5) ──線⑤「少しことさめて」は、「少しことさめて」について、「ことさめて」という意味ですが、筆者は何を見て興ざめしたのですか。現代の言葉で書きなさい。（20点）

〔　　　〕

❷ 次の文章を読んで、あとの問いに答えなさい。

[文章Ⅰ]

道は邇（近）しといへども、行かざれば至らず、事は小なりといへども、為さざれば成らず。 ┃ A ┃ その出入遠からず。
（大した結果は得られない）

文章Ⅰのもとになった漢文

道雖レ邇、不レ行不レ至。事雖レ小、不レ為不レ成。其為レ人

也、多ニ暇日一者、其出入不レ遠矣。 （『荀子』）

*為人＝性格。
*多暇日者＝怠け癖のついている人。

[文章Ⅱ]

　もろもろの道の人、（いろいろな方面の専門家）たとひ不堪（不器用）なりといへども、堪能の非家の人（器用なうちうと）にならぶ時（並び競う時）、必ず

勝る事は、たゆみなく慎みて軽々しくせぬと、ひとへに自由なるとの等しからぬなり。（油断なく用心して軽々しく事を行わないこと）（ひたすら）（同じではないから）

芸能・所作のみにあらず、大方のふるまひ・心づかひも、愚かにして慎めるは得（一般）（不器用であっても慎む）成

功の本なり。巧みにしてほしきままなるは、失の本なり。（器用であっても勝手気ままである）（失敗のもと）

*所作＝芸事における一定の形式による動作のこと。

(1) 文章Ⅰの ┃ A ┃ には、――線「其〻為レ人也、多ニ暇日一者」を漢字仮名

交じりの文にしたものが入る。その文として最も適切なものを次から選び、

記号で答えなさい。（10点）

ア　そのやひと為り、日多き暇者は　　　イ　そのやひと為り、暇者は日多き

ウ　その人と為りや、日多き暇者は　　　エ　その人と為りや、暇者は日多き

オ　その人と為りや、暇日多き者は

　　　　　　　　　　　　　　　　　　　　　　　　　[　　　　　]

(3) 次の会話は、文章Ⅰ・文章Ⅱについて、授業で話し合ったときの内容の一部です。あとの問いに答えなさい。(各5点)

Bさん「文章Ⅰでは、『確かに、一生懸命に頑張るあまり、考えられるかぎりの大切な言葉を伝えようとしすぎる』ことについて答えているね。」

Aさん「なるほど。結果的に実を結ぶためには、読み手の立場に立って、丁寧に伝えようとすることに着目すると、」

Cさん「文章Ⅱでは、『 B 』事が大切だといっているね。」

Bさん「失敗することがあるけど、慎みや、積み重ねが大切なんだね。」

Aさん「そうだね。先人の言葉を手がかりに、物事の器用な取り組み方を心がけたいね。自分が重要だと思うことについて取り組むだけでなく、」

Bさん「それだね。でも、以上のように、何でもかんでも器用にこなせばいいというわけではなくて、『 C 』ことが、専門家のすべてに通じる道だよね。」

① B に入る内容を、二十五字以内で書きなさい。(15点)

② C に入る言葉として最も適切なものを、文章Ⅱ(文語文)から六字で抜き出しなさい。(10点)

(2) 文章Ⅱの──線「ぶ」を現代仮名遣いに直し、すべてひらがなで書きなさい。

1　説明文・論説文①

(1)①先人(たち)

②(例)ヒノキは年代を経ると風格が増し、粘り強くて狂いが少なく、腐りにくいこと。

(2)ウ　(3)イ　(4)だろう(ろう)

(5)当時は、木を〜のでしょう。

(6)ウ　(7)①×　②○　③×

解説　(1)①は12行目の「その先人たちの知恵」に注目する。②は、第三段落からヒノキの特長について書かれた部分を中心にまとめればよい。(5)・(6)指示語はおもに前の内容を指していることが多い。前の部分から指示内容を見つけたら、指示語の代わりに当てはめてみて、文意が通じるかどうか確かめよう。

2　説明文・論説文②

(1)ウ　(2)適応した社会構造　(3)ア

(4)経済の展開　(5)経済と社会

解説　(1)「社会のあり方と経済が一体化している以上」を、「経済が経済の独自の論理で展開している以上」と言いかえている。(2)直後の「それに対応した構造が生まれた」と同じ内容が、前の段落では「そのことに適応した社会構造が生まれ」と述べられている。(3)前段落の内容を読み取る。社会性をもたない経済のシステムの中では、労働も社会性をもたない。その結果「自分の労働が社会から必要とされていることを感じられない虚しさ」と「そこにしか自己実現の場がない現実」とを人々は感じているのである。(4)直後の「それ」は、――線③を指している。――線③=「それ」=「半市場経済」=「経済の展開と社会の創造が一体化しうる経済のかたちを発見すること」と言いかえていることをおさえる。(5)求められている「倫理性」について少しあとで「経済と社会の関係をもう一度検討しなおしていこうという倫理性が求められている」と述べている。

3　説明文・論説文③

(1)イ　(2)ア　(3)エ

解説　(1)直後の「私自身をたえず選びとっている」は、前の「作品を選ぶ」と比べて「作品を選ぶというよりどちらかというと私自身を選びとっている」という文脈になっている。(2)直前の「私自身が明確な不動の物差しとして……感じられなかった」と同意のものを選ぶ。(3)空欄を含む文の終わりに「そうではない」とあることに注目する。「…ではなく」という形なので、「堅固さを　B　は変化する」と対比されるとわかる。「変化する」と対比的で「堅固」と類義の言葉を

「……」「」まへ「」いうのが時のる。──線②と同じ内容を第四段落最終段落最初の文にある

(4) 配〈けば自分に欲するとなか

5 説明文・論説文 ⑤

解説
(1) ア
(2) 自己統治や自己統治の欲求
(3) ウ
(4) X…ウ Y…ク

取りまとめをする「……」においてこの前の結語段落は「」身体と精神の「西洋」「身体と精神の内容を指す。前の段落にある「西洋」における「」の論点をしている。例のあるのは「西洋」における状態である。

(2) ア

(3)（直前の）

4 説明文・論説文 ④

解説
(1)
(2) エ
(3)（例）東

(1) イ
(2) エ

選ぶ。

---

8 小説 ①

解説
(1) 空

（4）（3）（1）

7 説明文・論説文 ⑦

解説
(1) 捕食生物
(2) 植物
(3) 寄生物
(4) 被食生物・植物 関係

6 説明文・論説文 ⑥

解説
(1) C
(2)
(3) イ

（1）（2）（3）

【図】は

う内容を読み取る。誰かのせて「いう」と考えている

こと (2)イ

(3)（例）つり銭の金額を間違えたこと。

(4)（例）届けていただいてありがとうございます。(5)ア

(6)すがすがしい心持ち (7)イ・ウ

解説 (4)直後の「礼を言って」から「ぼく」の行為に対するお礼の言葉が省略されていると考えられる。(6)・(7)──線⑥も──線⑦も、駅員につり銭の間違いを正直に告げた「ぼく」の気持ちを表している。

9 小説②

(1)イ (2)Aエ Bイ Cア Dウ

(3)体が内側から膨れ出すような気持ち (4)ア

解説 (3)恐ろしくもあり、期待もしている少年の気持ちを表す部分を探す。(4)大砲を打つときの叔父さんの顔は「平常の顔とはまるで違っていた」のだから、アの「大砲を打つときのいつもとは違う様子を少年し知らないと推測できる。

10 小説③

(1)Aエ Bウ Cイ Dオ Eア

(2)山椒魚

(3)（例）閉じ込められた身の上(10字)

(4)大小一ひきの水すまし

(5)（例）水すまし(の)逃げまわる姿
（例）かえる(の)勢いよく〜律をつくる

で泳ぐ姿（順不同）

(6)ウ (7)イ

解説 (5)直前の「これらの活発な動作と光景」のことであるが、より具体的に書かれた前の段落の言葉を使ってまとめよう。(7)穴蔵に閉じ込められた自分は「ブリキの切り〜ず」のように何の役にも立たないものだと感じているのだから、山椒魚は単に現状に落ち込み悲しんでいるのではなく、深く絶望していると考えられる。

11 小説④

(1)オ (2)ア

解説 (1)「空あくび」は、あくびをするふりだけの見せかけである。この場合は、眠いのではなく、興味がないので退屈だという演技をして、周りに本心を見せないようにしたのである。(2)──線②の直前「少年の頬も赤かった」から、平静な気持ではなかったことがわかる。イ「頑張ろう」という前向きな気持ちではない。ウ「いら立って」はいない。エ「申し訳ない」とは思っていない。

12 小説⑤

(1)ウ (2)Aウ Bイ (3)ア (4)敵

解説 (1)前書きや「部室の雰囲気は最悪だった」、大野自身の言葉「まいっちゃったな……」をヒントに考える。(3)少年も「かつてよそ者だったから」、「よそ者の味方するんか？」と訳かれた

「幸子の目」——線①の直後の位置を境の後段落を抜き出しに注目する。「細き前基準とする。

【Y】「見セリ」の様子は、コ「この」よう子は、木鋏で剪定なし。

【X】猛然と、田坂作が、生垣を無数に刈られた枝の切り口を切り続けに鳴らる様。る枝の前

解説 (1) [X] 31字
(例) 田坂作が、木鋏で生垣を切り続けに刈られた切り口を10字
(2) …Y…10字

─────

14 小説⑦

(1) [X]・③ (2) (1)

としながら…「六番手」選手であるだけに、自分が詠んだ言葉は、周囲の会員たちのメンバーへの反応として五人の「東子は披講する」ことに真名子はのことばは、感じている言葉だ。

解説 (1) エ (2) ウ

─────

13 小説⑥

ではけわだったとき、同野球部敵やすっていると言ったとしての「ア」大野の言葉をが，そこでは「シャッター」大野の言葉を回にたいう「ア」大野の敵だらうとしている。自分を否定するみんなとしての「俺の敵やすっている……」という「ア」俺の敵やすっるが自分を否定する答え(4)

─────

(1) エ (2) ウ

─────

16 随筆②

大切にしている人の感情を考えると、人が受け取ってくれるしたことをとして人間が動としているものであり、生きる気持ちで「悪の華」『宝』の少女「私」であった、私は過切であたる中である「イ」適切なのは冷たいとに注意するの「ア」緊張感のである。…「ウ」過切ではのある。「ア」緊張感とだと気づいたからである。私は過切ではである十四歳の少女「森見」とであるの逆境状で、「エ」適切な選ぶから。森見んだ。

解説 (1) (例) 戦後三年の状況

(2) ウ (3) ウ (4) ア

─────

15 随筆①

(Y) が電子の生垣の目——線①の

(1)
(2)
(3)
(4)
ウ
ア
黙って
なかった
〔12字〕

(11)
〔12字〕

この言葉にし子が木鋏を様」は、せているのが田坂が木鋏を鳴きの音を「鳥②」は何の文の主語を抜き出す段落にあるので目の使うが高う田坂が鳴き続けている「――」で使われているの段落後の目を抜き出す「田坂が木鋏を続け」という主語を抜き出す————線②「何が出す音は鳴きの音であるので——(2)

解説 (2)前書きから筆者が「休みで帰省したときには母を手伝っている」ことをおさえる。また、「あの朝のこと(=客の吐瀉物を掃除したこと)もあるので、少しは多くなっているか」という期待が裏切られたことからも、筆者の心情が想像できる。(3)「手紙以外で」という指示に注目。筆者が玄関の掃除をしているあいだ、父親はどうしていたか。わざと丁寧な表現をすることで、ねぎらいの言葉をかけてくれなかった父に対する不満を表現しているのである。

17 随筆③

(1)A…オ B…キ C…カ D…ウ E…ア
(2)ウ
(3)V…食べる W…謙譲 X…尊敬
Y…召し上がりますか
Z…お食べになりますか(お食べになりますか・食べられますか)
(Y・Zは順不同)
(4)共通な認識

解説 (1)A文末の「ように」と対応する語が入る。B直前の「映画が始まって」に続く語を考える。Cテンポの早さの程度を表す言葉である。D留学生を日本語に慣れている「私」と比較している。E授業中の留学生たちの様子を想像してみる。(2)熱心に映画を見つめる様子を表すものはどれか。(3)先生の動作を言い表すのに、尊敬語を使うべきところが謙譲語になっているのが誤りである。

解答

18 随筆④

(1)イ (2)自分の物語 (3)ア
(4)(例)子どもは物語の世界を直接体に受け入れ、その経験が子どもの人生を形づくるから、重要な意味があるという思い。(52字)

解説 (1)第四段落の「子どもは物語の世界を直接、体に受け入れて生きてしまう」との関連から判断できる。(2)「物語を自分の身体で表現」することで「自分の物語」を得ることができ、その「興奮」を筆者は「忘れずにいる」のである。

19 詩①

(1)むずがゆそうに揺れている
(2)一つの全体 (3)エ (4)ウ

解説 (1)「たえず」=「終日」(一日中)というつながりに注目。(2)「停っている」「動いている」を表現している詩の後半が「どこかしら」と部分を意識した表現になっていることと対比された言葉である。(3)九〜十一行目と十二・十三行目、最後の二行がそれぞれ対句になっている。(4)「むずがゆそうに」という表現から、いらいらする気持ちが伝わる。全体がそろわず、どこか思いどおりにならないことを表現している。

20 詩②

(1)ア (2)夏 (3)ア・エ
(4)ア

21 短歌・俳句 ①

❶

木下杢太郎。それぞれ「乳」「足乳根の」などの言葉を導き出す言葉として五音からなる「枕詞」である。

解説
A は…
B C は夏…
D は秋…
E は冬…
それぞれの季節が詠まれた作者は、
F…伊藤左千夫
C…正岡子規「母」が意味を導く
G…与謝野晶子
H…石川啄木

(1) ④
(2)
① B・G・H
② A・E・I
③ C・D・F

(3) イ
(4) ウ
(5) ① C ② D ③ E

(1)
① B ② I ③
④ H ⑤ B ⑥ G ⑦ H ⑧ E
⑨ E

解説
「太陽からの距離は五万四千年に…」
「広島に原爆が落ちた日…」
波の模様が落ちている。
(=)「落ちる」となっている。「(8)作者の想像した小鳥の恐ろしさ」の小鳥が…
影が消えているのであり、
作者の人の想像…
行為をやめられない。
月日が経過…

解説
(4) 広島に原爆が落ちた八月六日…
九四五年八月六日、広島に原爆が落とされた。
(8) エ

(6) ウ
(7) (例)声
(5) (例)終わりの小鳥の羽ばたき

22 短歌・俳句 ②

解説
(1) (例・33字)
春が来たたびに心が波立つ小鳥の名を見つけて、加えることのできる土台となる「だ」という言葉を探す。
A・B ともに「一番」の寄せる海の名を知り、感動している。
注がかりとして、接続語「だから」に着目する。

(1) (例・29字)
伊豆の海の春が来たことを
山に霞がたなびく姿を見て、
X…ウ Y…エ
(2) おもしろし
(3) 目に見えているものから、そのときの心の状態を…
動きとしてとらえているので、短歌の内容をしっかり発見し、作者が使った言葉を…
明らかにしている。作者の感動の…

23 古文 ①

❶

(1) イ
(2) エ
(3) ①

解説
(1) 鐘の声
(2) 平家物語
(3) ひとえに…の名を
(4) ① ②
(5) (22字)
お与えるなどして、長年の家の松を
(例) 長年のたとえ
ものとして童

❷

(1) ウ
(2) ア
(3) エ

線②のあとに「童の声」の言葉が
線④の前後を訳して、長年…まとめる。
〈生い先…と続けて長年の男の
望み〉…の言葉「しつらひて」と結び、
この子に任す…は、前の
童目し…の家物

(1) ④を
解説
(2)
(3) ①
① A・B は…
② C・D は…

解説
(1)
(3)
注がかり…A・B を探す。
それぞれに付く接続語「だ」「二月」が…
C・D は…

(3)
A・B は…
それぞれ付ける…
中に「しつらひて」を見て、
Y…ときを
海の…
(3)
C・D は…
文末が終わり方がそれぞれ
…「三月」「三片の松の

の文について書かれている部分を読み取る。

❷ (1)「祇園精舎の鐘の声……」という一文と、「沙羅双樹の花の色……」という一文が対になっていることから考える。

【現代語訳】❶ ある時、牛を引いている子どもが、唄などをうたって通ったので、長年はあとを追って行って、子どもに呼びかけ言ったには、私をその牛に乗せて、川のほとりまで行ってよと言うと、子どもは承知して答えるには、あなたを乗せて行けるが、対価には何をいただけるのかと言うので、長年は自分の家を返り見て、門に生えている松を描きして、どの木であっても、そなたの望みに任せよう、早く早く行かせよと言うと、子どもは喜んで、長年を川のほとりまで乗せて行った。その後、三年くらい経って、一人の男が、子どもを連れて、長年の家に来て、長年の父に向かい、三年以前の約束を語ったので、長年は、幼心に冗談(じょうだん)なのだが、この子どもはこれを本当だと考え、牛に乗せた対価をとりにきたので、どんなに言い説明しても納得(なっとく)しない。どうしたものかと言うと、長年の父はこれを聞くなり、まったくそうであるのであれば。約束をしたのに間違(まちが)いないのであれば、切らせて与えよと言って、子どもに望ませて、門前にある大樹の松を和に命じて切らせ、牛飼に受け取らせた。里人はこれを言い伝え、名和の約束の松と呼んで、今まで話し伝えている。

---

24 古文②

❶ (1) あたえずして (2) エ

❷ (1) 本のしらさぎが四五羽うって飛ぶ(様子。) (2) ア

【解説】❶ (1)語頭以外のは行は行に直す。(2)「帝、賢ならず」と答えた臣下は「はなはだ仁にあり」と答えた臣下の取りなしによって帝に召し返された。

❷ (1)直前で、亭主の言う「あれ」も同じものを指している。(2)最後の絵描きの言葉に注目。本物は、自分の描いたもののように飛べないだろうと言っている。

【現代語訳】❶ 昔、帝王がいた。国を統治した後で、臣下たちに問いかけた「私は、よく国を治めている。賢であろうか、そうでないだろうか」。臣下たちが言った「帝は、とてもよく治めています」。その時、一人の臣下がいて、言うには「帝は、賢ではありません」と。帝が言うに「それは、どういうわけか」。臣下が言うには「国を統治した後で、土地を自分の弟君に与えずに、お子様に与えました」と。帝は気に入らなくて、その臣下をその場から追い立てられた後、また、一人の臣下に問いかけた「私は、よいところがあるだろうか、そうでないだろうか」。臣下が言うには「たいそうよいところがあります」。帝が言うには「それは、どういうわけか」。臣下が言うには「仁君は、必ず、忠臣があります。忠臣は、

古文③ 25

解説
(1) ……「い」にいている。
(1) ……である。(2) 筆者は漢字で「香」を書くことが……「河」に……い。

(6) X……春 Y……退わり
(5) X…… Y……散った花
(3) (1)
(例) 山梨や李など　(4) 里人
(2) ウ

総描を見ただけでそれが飛ぶように描かれているかどうか、そんなことがなぜわかるのかと飛羽五郎言うと、下絵を描いたのが本物の主人であるその方が「ふだん飛ぶように描いていらっしゃるのを見て知っていたから」と言った。羽描かれたものが屋敷の主の描いたものだったと言う注の文がある。その下絵を描き終え、召し返したので、感動したというわけだ。

❷ しかし、以前は自分の信任した家臣が言うことだから信じられたのだ。以前は「秘すべからず」と君臣が言うことができる人はあるまいと、その家臣が言っていたのに、そのようなこと以前は言うような人ではあるまいと言う。

古文④ 26

解説
(1) 語頭以外の「は行」は「わ行」に直す。
(2) 「守景」の行為を書くことが「守景絵を描かせる計画」に。
(1) (例) 「お」の会話に(2) (例) こうした絵を人に……(3) (例) 故郷に帰る守景の「旅」から「守景が絵を縮めて人々の来るのをいやがる」ということについて

ア　守景を資金の……(2) (例) 参勤
エ　守景と客人の……(3) (例) 帰るため計画。
(4)

本当のよう梅返しに、竹林に近いと見える竹林などを見え、山梨・李などは小春・河原に見えるように描いている。梅が近いとそれが立つと周囲と思う。本当の花の咲いているのだろう。

現代語訳
今夜「河香」の所に隔たにて一晩に泊まる。

(6) 七曜日「旧暦」は〈一九七一年〉に見えるから近い。竹林が出て、秋のことが書かれている十一・二月である。(5) 手紙の相手が読み取るのが春から初夏四・五・六月である夏である。(3) 浪が鳥にたとえられているから(4) 筆者「花」(梅)が梅崎に

ることなし」「人の書めに従ふものにあらず」と二度繰り返されている。②加賀候が守景に絵を描かせるために、どのような作戦を行ったかを読み取る。

【現代語訳】 守景は久隅氏。探幽法印の弟子で絵が上手であった。家は貧乏だがその志は高く、たやすく、絵を描いてほしいという人の求めに応じることはない。加賀候が、守景を呼び寄せて、金沢に三年間滞在をさせたけれども、扶持米をお与えになる様子もなかったので、「これでは故郷にいるのと同じだ。帰ろう」といって、候のそばに仕える武士に別れをつげたところ、「もっともである。」というので、そのいきさつを候に申し上げたところ、候は笑いながら、「私はこれを知っている。しかし守景は強い信念を持っていて、人の求めに従うものではない。その絵はもともと世にも珍しいものである。だから、この男に給料を与えれば、絵を描くことをしないだろうと思って、このように貧しくさせておいたのだ。今は三年もたったので、絵も国中に多く残っているだろう。それでは、扶持米を与えよう」といって、じゅうぶんお与えになった。考えてみると、守景の人柄は元来変わっている。候は守景のことをよくおわかりになっており、また計画をさったことはそれ以上に珍しいことである。

27 古文⑤

(1)①こずえ ②くだちまう

解答

(2)ウ (3)九折

(4)イ

(5)(例)高い山と山の間にあり、道の両側が深い谷になっているという点。（30字）

(6)X…分けのぼる Y…なり

【解説】 (1)「を」は「え」に、「エ段+う」は「イ段+よう」に直す。(3)「九」は必ずしも数としての九ではなく、ここでは多いという意味。(4)「非ず」は「〜ではない」という意味を表す。(5)「谷の両辺は、文、山高し。この際を過ぐれば」が「中山」と思われる理由である。(6)最後の歌に表現されている思いをとらえる。

【現代語訳】 小河を渡ると、佐夜の中山にかかる。この山口をしばらくのぼると、左も深い谷、右も深い谷、山の頂にのびる長い道は堤の上に似ている。両側の谷の梢を眼下に見て、鳥たちのさえずりを足の下から聞く。谷の両側は、まだ山が高い。この間を通り過ぎるから、中山と言うのだろうと思われた。山は昔の山と同じような九折の道が古いのと同じようなもので、梢は新しい色である。この所はその名前が持に知られているところなので、少しの間に何度も立ち止まって眺めながら行くと、松に吹く雨音のような風は、濡れずに耳を洗い、秋風のような風の響きは、色ではないが、身にしみる。

分けのぼる佐夜の中山は、越えてからがかえって名残惜しくつらくいられるものだ。

28 漢文・漢詩①

【現代語訳】

【解説】
1 (1) エ (2) ウ (3) 日
(4) X…エ　Y…イ

2 (1) ア (2) ウ (3) 我以ヨ宝ヲ為シ
(4) 我ハ貪ラザルヲ以テ宝ト為シ

29 漢文・漢詩②

【現代語訳】

【解説】
1 (1) エ (2) ア (3) ウ (4) イ
2 (1) ①一　②二
(2) ウ

春風は何故(なにゆえ)に自分に対してかくも非情なのだろう。

まに芽生えさせる。

この耳ぎわの髪の毛は昔のままで白髪がある。

30 仕上げテスト①

(1) エ (2) (例) 多様性の意識(6字)・不確定的な意識 (3) 体験的に
(4) アメリカ人
(5) (例) じぶんはどの程度までアメリカ人かと考えること。
(6) ア

解説 (2) 前半と後半に一つずつ述べられている。(6) ①段落でアメリカ人を一般化して論じるのはむつかしいと述べ、②・③段落ではアメリカ人は自ら多様性を意識していることを、④・⑤段落ではじぶんをほんとうのアメリカ人だと思っていないという不確定的な意識をもっていることを論じている。

31 仕上げテスト②

(1) ウ (2) イ
(3) (例) M病院の先生が来るのを待ちきれないでいる心情。(23字)
(4) ウ

解説 (1)・(2) 最初は女医先生に遠慮(えんりょ)していたが、娘の病状が一向によくならないので、母親は別の医者を呼ぶ決心をしたのである。(3) 表に出て医者の到着(とうちゃく)を待つ父親の様子から考える。

32 仕上げテスト③

❶ (1) B (2) ① B・D ② A
(3) 紺の泉
❷ (1) ① 体言止め ② 三
(2) 未来
(3) 君くの愛が永遠に続くこと。
(4) D エ E ア F ウ

解説 ❶ (1)「あれ」という命令形を使って願いを述べている。(3)「咲き始めようとしている花の様子」「比喩」からCの鑑賞文であるとわかる。
❷ (1) Aの歌は「日」(体言)で終わっており、「けり(切れ字)」で意味が切れている。(2) 漠然として見えないから「恐怖」であるとともに、素直に「未来」と言ってしまうような明るさもある。(3)「絶ゆる」とも、「ほろぶとも」との対比から「絶えない」「ほろばない」とも君(恋人)に対して誓(ちか)っている。(4) D桜が全力で咲く姿に生命力を感じ取っている。E才能があって、短歌のすばらしさに師匠(ししょう)である「我」を「おどろかす」弟子二十三人に向けた言葉。F波打つ際(きわ)で砂に文字を書く姿がくっきりと想像できる。

33 仕上げテスト④

❶ (1) ウ (2) イ
(3) かけひのしづく
(4) (例) しみじみ感じ入って
(5) (例) まわりをきびしく囲った柑子(みかん)の木。

【右段】

…を厳重にかこひのへ…あるにや。同じ枝に…

棚に菊・紅葉などを折り散らしたる、さすがに住む人のあればなるべし。…仏前に供へたる菊・紅葉など折り散らしたる…さすがに住む人のあればなるべし。…大きなる柑子の木の、枝もたわわに…まはりをきびしく囲ひたりしこそ、少しことさめて、この木なからましかばと覚えしか。

…神無月のころ、栗栖野といふ所を過ぎて、ある山里に尋ね入ること侍りしに、遙かなる苔の細道を踏み分けて、心細く住みなしたる庵あり。木の葉に埋もるる懸樋の雫ならでは、つゆおとなふものなし。

現代語訳

① 隠れ住む十月のころの態度であろうか。…

現代語としては「だ」であるが、軽々しく…

それらが単に「道」や「事」を指すのではなく、「芸」以外の多くのことは…その道以外の多くの専門家は…「暇なる」ことが…「事」や「道」以外のことは…直後から行き…

② 「道」という語は頭以外のことが多い…「道」の直後にある…

③ ① …が小さな家の風情ある様

② 総じて取り組むようになってしまうから。

解説

❶
① …
② …
（4）粗末な
（3）② 総じて…

❷
（3）① 簡単に取り組むようになってしまうから。（23字）
（2）…
（1）オ

【左段】

…道…厳重に用ひて…

…は、芸能・動作において同じ…油断なく…一般の形式にはまったく…の専門家の用心は…器用・不器用にかかわらず必ず…

手気ままに成功したためしは…器用なものはかえって油断するから、失敗するのである。

…勝手気ままにすることは、不器用なものではなく…専門家の用心は…

〔文章Ⅰ〕では、ある事を行うことにおいては、人の性格が大いに…その行ない…結果にはっきりと…〔文章Ⅱ〕では…

❷ その行ないに…

〔文章Ⅰ〕…その行ないに…油断をなくし…到着せず…物事は近づいたとしても…

〔文章Ⅱ〕…しかし…その木がなかったら…と思われた…